mentor Lektüre Durchblick

In der Sache
J. Robert Oppenheimer

Heinar Kipphardt

Inhalt · Hintergrund · Interpretation

Hansheiner Grube

mentor
Eine Klasse besser.

Willkommen bei »Lektüre Durchblick«!

Sie lesen gerade »In der Sache J. Robert Oppenheimer«
im Deutschunterricht?

Dann finden Sie hier in knapper und verständlicher Form –
oft auf besonders übersichtlichen Doppelseiten – genau die
Informationen, die Sie jetzt brauchen.

Sie werden sehen: Wenn Sie sich mit diesem Hintergrund
den »Oppenheimer« nochmals vornehmen, steht dem vollen
Durchblick nichts im Wege. Denn je mehr Sie schon wissen,
desto mehr entdecken Sie selbst im Text – und so macht
Deutsch-Lektüre erst richtig Spaß!

Viel Erfolg!

Autor und Verlag

≠ SBB58

Alle Zitate nach:
Heinar Kipphardt: In der Sache J. Robert Oppenheimer.
Frankfurt am Main 1964 (= edition suhrkamp 64)
© 1987 by Rowohlt Taschenbuch Verlag GmbH, Reinbek

Der Autor:
Hansheiner Grube, Gymnasiallehrer für Deutsch und Sport

Inhalt

Die Thematik

Kipphardt vertritt mit dem Stück die These, dass der moderne Naturwissenschaftler nicht nur im Elfenbeinturm seiner Forschungen arbeiten darf, sondern sich auch den gesellschaftspolitischen und menschlichen Folgen seiner Forschungen stellen muss.

Die Schizophrenie der Naturwissenschaftler

Neugier, Abenteuerlust und Erfindungsgeist der Naturwissenschaftler haben viele großartige Errungenschaften des technischen Zeitalters ermöglicht. Aber wie wir sehen, steht am Ende einer ganz bestimmten Forschungsreihe auch der erste Atombombenabwurf. Oppenheimers anfängliche Begeisterung für den Bau der Bombe schlägt angesichts der Folgen in tiefstes Entsetzen und schlimmste moralische Skrupel um.

Die Ansprüche des Staates

In der Regel können heutzutage Forschungen nicht ohne politische und wirtschaftliche Sponsoren durchgeführt werden. Forscher, Politiker, Manager und Techniker sind Teil eines Ganzen, in dem jeder seine eigenen Interessen verfolgt. Aussteiger kann und darf es dabei dennoch nicht geben. Kipphardt zeigt, welche Vorstellungen von Freiheit, Demokratie und Loyalität die Staatsmacht hat; der Staat USA bekommt in dem Stück die Züge eines totalitären Überwachungsstaates; er zeigt demnach undemokratische Tendenzen.

Die Verantwortung des Naturwissenschaftlers

Kipphardt fordert den politisch mündigen Wissenschaftler, der zivilen Ungehorsam zeigen muss. Dieser muss sich selbst gegenüber loyal sein, um eine mögliche globale Vernichtung unserer Zivilisation durch Erfindungs- und Rüstungswahnsinn zu verhindern.

Die Handlung in Kürze

Kipphardts Dokumentarstück beruht auf den Protokollen eines Untersuchungsverfahrens gegen den Physiker Oppenheimer, das 1954 in den USA stattfand. Es ging dabei um die Frage, ob dem „Angeklagten" auch zukünftig die uneingeschränkte Sicherheitsgarantie gewährt werden könnte.

Roger Robb, Chefankläger der Atomenergiekommission, nimmt Oppenheimer massiv ins Verhör. Er will herausfinden, warum Oppenheimer das Atombombenprogramm in hundertprozentiger Loyalität zum Staat durchgeführt hatte, warum er aber später das Wasserstoffbombenprogramm seiner Meinung nach boykottierte. Zusammen mit seinem Koanwalt Rolander versucht er, dem Ausschuss ausreichend Beweise für Oppenheimers Gesinnungswandel vorzulegen. Er kann belegen, dass Oppenheimer, privat wie beruflich, enge Kontakte mit Kommunisten und deren Sympathisanten pflegte. Die Auffassung des FBI, er sei ein getarnter Sowjetagent, kann Robb mit seinen Verhören jedoch nicht erhärten.

Auch die spektakulären Zeugenauftritte zweier Geheimdienstoffiziere ergeben kein einheitliches Bild. Boris T. Pash hat Oppenheimer intensiv observieren lassen – für ihn ist der Angeklagte ein hohes Sicherheitsrisiko; für John Lansdale hingegen ist Oppenheimer absolut staatsloyal und ein Opfer der gegenwärtigen Kommunistenhysterie. Die Zeugenvernehmungen werden mit vier Berufskollegen Oppenheimers abgeschlossen. Edward Teller und David T. Griggs lehnen Oppenheimers moralische Bedenken gegenüber dem Bau der Wasserstoffbombe entschieden ab. Isaac Rabi und Hans Bethe teilen mit Oppenheimer die Ansicht, eine Welt ohne H-Bomben sei eine bessere Welt. Und sie nennen ihn gerade wegen seiner moralischen Zweifel höchst staatsloyal.

Nach den abschließenden Plädoyers fällt der Ausschuss sein Urteil: Oppenheimer ist ein Sicherheitsrisiko!

Die Personen

Die Zahl der Personen in diesem Stück ist nicht allzu groß und leicht überschaubar, denn die Konstellation von Anklage und Verteidigung ist eindeutig und obendrein auch zahlenmäßig ausgewogen.

Sicherheit
fällt das Urt

Gord
Vorsitzend

Thomas A. Morgan
Direktor Atomausrüstun;

Anwälte der Anklage

Roger Robb
Anwalt der Atom-
energiekommission

C. A. Rolander
Koanwalt
Sicherheitsfachmann

J. Robe

Zeugen der Anklage

Boris T. Pash
Geheimdienstoffizier

Edward Teller
Physiker

David Tressel Griggs
Chefwissenschaftler
der Air Force

Der aus drei Personen bestehende Sicherheitsausschuss wird am Ende der Anhörung ein mehrheitliches Urteil über Oppenheimer fällen müssen; eine Stimmenthaltung gibt es nicht. Damit wird klar, welch gute Überzeugungsarbeit die beiden Parteien leisten müssen, um wenigstens zwei Ausschussmitglieder auf ihre Seite zu bringen.

ßsschuss
er Oppenheimer

ray
:itungsverleger

Ward V. Evans
Professor der Chemie

Anwälte der Verteidigung

Lloyd K. Garrison
Anwalt

Herbert S. Marks
Anwalt

ppenheimer

Zeugen der Verteidigung

John Lansdale
Anwalt, ehemals
Geheimdienstoffizier

Hans Bethe
Physiker

Isadore Isaac Rabi
Physiker

© Mentor

Die Handlung

Das Stück spielt in den USA. Gegen J. Robert Oppenheimer, Atomforscher und federführend an der Entwicklung der Atombombe beteiligt, wird 1954 ein Untersuchungsverfahren durchgeführt. Angeblich ist er ein Sicherheitsrisiko für den Staat.

1. Teil

1. Szene: Anlass und Beginn der Untersuchung

Handlungsort ist ein Verhörzimmer im Gebäude der Atomenergiekommission in Washington. Hier wird der Sicherheitsausschuss, der von der Kommission benannt wurde, tagen. Dessen Mitglieder sind Gray (Vorsitz), Evans und Morgan, assistiert von den Anwälten Robb und Rolander. Oppenheimer ist in Begleitung seiner Anwälte Marks und Garrison als Zeuge in eigener Sache erschienen.

Der Vorsitzende weist nachdrücklich darauf hin, dass die Untersuchung kein Gerichtsverfahren darstelle und vertraulich durchgeführt werde. Marks bezweifelt das, da am Abend vorher in einem TV-Interview Senator McCarthy öffentlich die *Atomhelden* (S. 9; er nennt keine Namen) angeklagt hat, die amerikanische Regierung falsch beraten bzw. sogar verraten zu haben. Oppenheimer bedauert es, dass in dem Ausschuss, der sich immerhin mit den Aufgaben eines Atomphysikers zu befassen hat, keine Fachleute sitzen.

Im Mittelpunkt des ersten Verhörs durch Robb steht die Frage nach der *Sünde* (S. 16) der Kernphysiker. Oppenheimer versucht seine Lage zu beschreiben: Einerseits habe er wissenschaftliche Grundlagenforschung betrieben – andererseits ließ er sich durchaus von Politikern und Militärs für deren Ziele vereinnahmen.

Robb will herausstellen, warum Oppenheimer die Arbeit am Bau der Wasserstoffbombe verweigerte. Die Anschuldigungen der Atomenergiekommission sind: Verbindungen zu Kommunisten und deren Sympathisanten, Beeinflussung anderer Wissenschaftler gegen die H-Bombe und gezielte Verzögerung des Baus dieser Wunderwaffe. Alte Vorwürfe gegen Oppenheimer werden wieder Gegenstand von neuen Untersuchungen; mit dem ehemaligen kommunistischen Funktionär Paul Crouch soll ein wichtiger Zeuge vorgeladen werden.

2. Szene: Kreuzverhör und Eklat

Das Kreuzverhör durch Robb legt Oppenheimers politische Nähe zur kommunistischen Partei und deren Gesinnungsgenossen für die Jahre 1936–42 offen. Er selbst ist niemals Parteimitglied gewesen, jedoch seine frühere Verlobte Dr. Tatlock (*aus romantischen Motiven*, S. 24). Die Schauprozesse unter Stalin und der Pakt zwischen Nazis und Sowjets ließen Oppenheimer letztlich auf deutliche Distanz zum Kommunismus gehen.

Während seiner Arbeit in Los Alamos brach er aus militärischen Sicherheitsgründen alle persönlichen Beziehungen, vor allem zu seinen Bekannten aus der linken Szene, ab. Robb kann jedoch nachweisen, dass er seine Exverlobte Dr. Tatlock zu jener Zeit getroffen hat. Er verletzt Oppenheimer mit intimen Fragen. Dieser verlässt daraufhin sofort den Zeugenstand. Sein Anwalt Marks erhebt erfolgreich Einspruch und Oppenheimer steht als Zeuge wieder zur Verfügung.

3. Szene: Oppenheimers politische Vergangenheit und die Verlässlichkeit von Berufszeugen

Robb kommt auf das Thema der Beziehungen Oppenheimers zur kommunistischen Bewegung zurück. Bis zum Ende des Spanischen Bürgerkrieges waren die Kontakte

Oppenheimers (ideell und finanziell) intensiv und als antifaschistisch zu verstehen. Parteimitglied sei er jedoch nie gewesen, weil eine solche Form der politischen Organisierung seinen Vorstellungen von geistiger Unabhängigkeit widersprochen habe.

Anwalt Robb versucht erneut, dem Ausschuss nachzuweisen, dass Oppenheimer an einer privaten kommunistischen Versammlung teilgenommen habe; hier sei die neue Linie der amerikanischen KP nach dem Kriegseintritt Russlands dargelegt worden. Hauptzeuge für diese Vorwürfe Robbs sind Paul Crouch und seine Frau. Oppenheimers Anwalt Marks deckt jedoch die wahre Qualität dieser Zeugenaussage auf, indem er dem Ausschuss ein Dokument übergibt, aus dem ersichtlich wird, dass sich Oppenheimer zur fraglichen Zeit mit seiner Frau in New Mexiko aufgehalten hat.

4. Szene: Kommunisten – Spione

Die Anwälte der Atomenergiebehörde werden offensiver. Morgan und Evans schalten sich mit in die Befragung ein.

Zu Beginn will Morgan von Oppenheimer hören, ob ein Kommunist an geheimen Kriegsprojekten arbeiten dürfe. Damals (d. h. während des 2. Weltkrieges), so Oppenheimer, war eine Ausnahme durchaus möglich – die Sowjetunion war immerhin Verbündeter. Für die Gegenwart gelte das nicht mehr, da die Sowjetunion inzwischen zum potenziellen Kriegsgegner geworden sei.

Anwalt Robb übernimmt das Verhör und fragt Oppenheimer, wie er seine Mitarbeiter in Los Alamos ausgewählt habe. Tatsächlich will er aber wissen, warum Oppenheimers Bruder, ehemaliges KP-Mitglied, nicht von ihm persönlich getestet wurde. Für Oppenheimer sind diese Verdächtigungen ohne konkreten Hintergrund und persönlich verletzend.

Evans schaltet sich ein und bringt als Gegenbeispiel den Fall des Atomspions Klaus Fuchs in die Debatte. Oppenheimer betrachtet den Doppelagenten Fuchs nicht als Spion für England und Russland, sondern als ein personifiziertes *Weltgewissen* (S. 38): Die Atombombe sollte, so zitiert Oppenheimer seinen ehemaligen Kollegen, unter keinen Umständen in die Hand einer einzigen Weltmacht gelangen.

Robb nimmt das Verhör wieder auf und wirft Oppenheimer vor, politisch inkonsequent gehandelt zu haben, da er den Sicherheitsbehörden nicht mitgeteilt habe, dass sein Bruder aktives KP-Mitglied war. Das Vertrauen in seinen Bruder, so Oppenheimer, habe keinerlei Veranlassung gegeben, freiwillig den Sicherheitsbehörden die Parteizugehörigkeit zu melden.

5. Szene: Linke Kernphysiker sind nicht staatsgefährlich, sondern vorurteilslos

Der zweite Anwalt der Atomkommission, Rolander, übernimmt nun offensiv das Verhör. Oppenheimer bestätigt zwar dem Anwalt, dass viele Atomphysiker in seinem Team so genannte *Fellow-Travellers* (S. 43), d. h. Mitläufer oder kommunistische Sympathisanten bzw. auch Parteimitglieder, waren. Er könne aber den Vorwurf, diese Wissenschaftler seien eine substanzielle Gefahr für geheime Kriegsprojekte gewesen, eindeutig zurückweisen. Viele dieser Wissenschaftler seien zunächst einmal vom *sowjetische[n] Experiment* (S. 44) fasziniert gewesen, das eine bessere Welt mit mehr Freiheiten und größerer sozialer Gleichheit versprach. Und diese Nonkonformisten sind nach Oppenheimer ebenso wichtig für die Wissenschaftsarbeit: Atomphysiker mit tadellosen, d. h. konformen und damit bequemen Ansichten, bauen keine Atombomben. Für Evans sind diese *rote[n] Physiker* (S. 46) widersprüchliche Personen: Ihren beruflichen Wesenszug nennt er nüchtern, ihre politische Einstellung radikal und spleenig.

6. Szene: Spion oder nicht Spion. Atomphysiker im Fadenkreuz von Geheimdienst und Sicherheitsbehörden

Scheinbar harmlos beginnt Anwalt Robb dieses Verhör mit einem Glückwunsch zum 50. Geburtstag Oppenheimers. Aber anhand der Glückwunschkarte von Haakon Chevalier, einem Freund Oppenheimers aus vergangenen Tagen, versucht er dem Ausschuss deutlich zu machen, dass Oppenheimer die amerikanischen Sicherheitsbehörden belogen hatte. Was war passiert?

Chevalier hatte Oppenheimer vor einem gewissen Eltenton gewarnt. Dieser Engländer, Chemotechniker, war der Auffassung gewesen, dass die USA die Sowjetunion als Verbündeten im Stich gelassen habe. Erst als Oppenheimer durch den Geheimdienstoffizier John Lansdale von mangelhaften Sicherheitsvorkehrungen in Berkeley erfahren hatte, machte er die Behörden aufgrund von akuten Spionagebefürchtungen auf Eltenton aufmerksam. Da er Chevalier nicht mit in eine Spionageaffäre hineinziehen wollte, erfand er eine *Räuberpistole* (S. 53). Belastet wurde also nur Eltenton. Erst auf Befehl von General Groves, dem Leiter des A-Bomben-Projektes, nannte er sich selbst und Chevalier in diesem möglichen Spionagefall als Mittelsmänner.

Zeuge der Anklage: Pash, Geheimdienstoffizier

Robb verhört jetzt den Geheimdienstoffizier Pash, dessen Spezialgebiet die Abwehr kommunistischer Agenten ist. Ein mutmaßlicher, lange zurückliegender Spionagefall in Berkeley ließ Pash auf Oppenheimer aufmerksam werden, da alle Spionageverdächtigen in positiver Beziehung zu Oppenheimer standen. Pash veranlasste daher das FBI, gegen Oppenheimer eine Untersuchung wegen Spionageverdachts einzuleiten: ohne Ergebnis. Das Pentagon ignorierte die Empfehlung, Oppenheimer aus Forschungsprojekt und Regierungsdienst zu entfernen.

An dieser Stelle des Verhörs lässt Pash eine Videokassette seines Interviews mit Oppenheimer vorspielen. Der Inhalt: Oppenheimer spricht von Kontaktversuchen mit dem Ziel, den Russen gefahrlos technische Informationen zu überlassen. Als Mittelsmann nennt Oppenheimer wieder Eltenton, die Kontaktperson des Engländers verschweigt er allerdings.

Zeuge der Verteidigung: Lansdale, Geheimdienstoffizier

Oppenheimers Anwalt Garrison verhört nun den ehemaligen Geheimdienstoffizier Lansdale, im Krieg hauptverantwortlich für die Sicherheit des Atombombenprojekts. Trotz aller Bedenken des FBI und trotz der Chevalier-Affäre hielt Lansdale an Oppenheimer fest. Im Gegensatz zu Pash würde er ohne jegliche Bedenken Oppenheimer auch heute jede Sicherheitsgarantie erteilen.

Dann nimmt Anwalt Rolander Lansdale ins Kreuzverhör. Ziemlich unseriös und zudem erfolglos spielt der Anwalt auf die private Beziehung zwischen Oppenheimer und Jean Tatlock (vgl. 2. Szene) an. Es ist sein Ziel, Oppenheimer Indiskretion und fahrlässigen Geheimnisverrat nachzuweisen. Ein weiterer Versuch Rolanders, Oppenheimer durch Lansdale zu belasten, scheitert ebenso kläglich.

Koanwalt Robb übernimmt das weitere Verhör und wirft Lansdale vor, sich an diesem Ort zum Anwalt Oppenheimers aufzuspielen. In diesem Moment verliert der bislang so besonnene Lansdale seine äußere und innere Fassung. Seine Worte richten sich gegen die beiden Anwälte der Anklage, Robb und Rolander, und gegen den amerikanischen Staat:

 Ich bin der Ansicht, daß die gegenwärtig umlaufende Kommunistenhysterie für die Art unseres Zusammenlebens und unsere Form der Demokratie gefährlich ist. An die Stelle von gesetzlichen Kriterien treten Furcht und Demagogie. (S. 73)

Zwischenbilanz

10 Tage lang sind Oppenheimer und maßgebliche Geheimdienstoffiziere verhört worden. Die Position der Anklage ist klar: Der Fall Oppenheimer enthält – so das Anwaltsduo Robb und Rolander – ein hohes Maß an Sicherheitsrisiken für den amerikanischen Staat; möglicherweise liegt sogar Landesverrat vor.

2. Teil

7. Szene: Oppenheimers geteilte Loyalität: Regierungstreue und Weltverantwortung

Zu Beginn des 2. Teils wird deutlich, dass die Untersuchung gegenüber der Öffentlichkeit nicht mehr vertraulich behandelt werden kann, da inzwischen die »New York Times« den Brief der Atomkommission und Oppenheimers Antwort auf die Punkte der Anklage veröffentlicht hat. Zentrales Thema der nächsten Szenen wird Oppenheimers Rolle bei Erprobung der Wasserstoffbombe sein.

Die Befragung Oppenheimers durch Robb, Gray und Morgan zeichnet ein widersprüchliches Bild des Physikers: Zunächst lehnte es Oppenheimer 1949 als Vorsitzender des Wissenschaftsrates im Mehrheitsbericht ab, eine Initiative für den Bau der H-Bombe zu ergreifen. Ein H-Bomben-Monopol der USA (die Sowjetunion hatte inzwischen ihre erste A-Bombe gezündet) lehnte er ab und befürwortete eine internationale Verzichtserklärung für diese Waffe. Des Weiteren erläuterte Oppenheimer in dem Bericht, auf welche enormen technischen Probleme man beim Bau der H-Bombe stoßen werde, und er empfahl ein Forschungsprogramm. Im Oktober 1952 schließlich testete man die erste H-Bombe erfolgreich, wobei die Bikini-Insel Elugelab völlig von der Landkarte verschwand.

Im Kriegsjahr 1942 hatte Oppenheimer noch keinerlei moralische Skrupel gehabt, eine thermonukleare Bombe herzustellen. Diese Skrupel kamen erst nach Hiroshima 1945. Als aber 1951 die H-Bombe machbar schien, war er von dieser wissenschaftlich-technischen Idee wiederum so fasziniert, dass er alle Skrupel vergaß und den Bau beratend unterstützte. Die Haltung einer geteilten Loyalität (Regierung – Weltverantwortung) ist für ihn ein bislang unlösbares Problem.

Zeuge der Anklage: Teller, Physiker

Der nächste Zeuge ist Edward Teller, der „Vater der H-Bombe". Gemeinsam mit Oppenheimer teilte er 1942 dessen Begeisterung, *das Wunder der Sonnenenergie durch die Verschmelzung leichter Kerne nachzuahmen* (S. 96). Die besten Physiker des Landes sollten die „Super" entwickeln, jedoch stoppten die Atombombenabwürfe auf Hiroshima und Nagasaki dieses Vorhaben zunächst. Der erste A-Bomben-Test der Sowjetunion im Sommer 1949 brachte wieder Bewegung in die H-Bomben-Pläne: Der Präsident ordnete ein Dringlichkeitsprogramm an. Oppenheimers Haltung blieb jedoch abwartend neutral. Nach Tellers Auffassung hat Oppenheimer passiv die Arbeit behindert. Eigenartigerweise war Oppenheimer aber nach den ersten Laborversuchen (1951) von den theoretischen Ergebnissen der Teller-Arbeit hingerissen.

Im Kreuzverhör mit Marks spricht auch Teller (ähnlich wie vorher schon Gray) von einer geteilten Loyalität Oppenheimers. Er selbst unterscheidet bei Oppenheimer eine subjektive und eine objektive Loyalität: Subjektiv ist Oppenheimer den Vereinigten Staaten gegenüber loyal, objektiv gesehen wäre es nach Teller besser, *wenn die vitalen Interessen des Landes nicht in seinen Händen lägen* (S. 105). Für Teller sind ausschließlich die Arbeiten an Forschungsprojekten von Belang. Oppenheimer ist nach seiner Meinung ein Illusionist, der an die politische Vernunft der Menschen glaubt: *So in der Abrüstungsfrage* (S. 106).

Sein großer Monolog (S. 110f.) ist quasi ein vorgezogenes Plädoyer. Teller versucht hier seine Haltung, die letztlich die der Ausschussmehrheit sein wird, moralisch zu rechtfertigen.

Er vertritt im Folgenden also eine These, die als Schlagwort vom Gleichgewicht des Schreckens in die Geschichte eingehen sollte.

Zeuge der Verteidigung: Bethe, Physiker

Der Physiker Bethe stellt zunächst einmal richtig, dass schon vor Hiroshima die Pläne für ein „Super"-Programm wegen technischer und personeller Probleme stark ins Stocken geraten waren. Erst der A-Bomben-Abwurf auf japanische Städte schuf bei vielen Forschern ein Problembewusstsein hinsichtlich der Folgen ihrer Forschungen.

Für Bethe hat Oppenheimers Haltung das „Super"-Programm keineswegs beeinflusst bzw. um Jahre verzögert. Die genialen Ideen Tellers reichten vollständig für die praktische Umsetzung aus. Er attestiert Oppenheimer absolute Loyalität. Bethe formuliert eindeutig seinen politischen Standpunkt: Es war falsch, die „Super" zu entwickeln. Ein Krieg mit H-Bomben würde den ganzen Globus für immer zerstören und keine Sieger und Verlierer mehr zulassen. Die USA und die Sowjetunion hätten nur noch wenig Entscheidungsspielraum, *ob sie miteinander Doppelselbstmord begehen wollen, oder wie sie das Ding wieder aus der Welt schaffen* (S. 119).

Zeuge der Anklage: Griggs, Geophysiker

David Tressel Griggs, Chefwissenschaftler der Air Force, erklärt unmissverständlich, dass Oppenheimer die Verschwörergruppe ZORC dirigiert habe, die den Bau der „Super" verhindern oder verzögern sollte. Er stützt diese Behauptungen auf Beobachtungen während der Vista-Konferenz 1951, auf der das zukünftige militärische Konzept der USA entschieden wurde: Aufbau einer H-Bomber-Flotte oder Ausbau des Luftverteidigungssystems. Die Konferenz schloss sich damals den Empfehlungen der ZORC-Gruppe (federführend war Oppenheimer) an und verwarf die offensiven Pläne der Air Force.

Zeuge der Verteidigung: Rabi, Physiker

Kurz und bündig widerlegt Rabi, Physiker, alle Unterstellungen Griggs', der für ihn nicht mehr als ein Sprachrohr der Air Force ist. Oppenheimer war, so Rabi, gegen das Dringlichkeitsprogramm. Dass Oppenheimer wissentlich die Behörden belogen hatte, fand Rabi damals töricht – heute könne er die Notlüge besser verstehen: Viele unschuldige Menschen seien nämlich bei ähnlichen Verdachtsmomenten politisch aufs Übelste verfolgt worden. Oppenheimer habe mit diesen Lügen nur seinen Freund vor Staatssanktionen schützen wollen; seine ungebrochene Staatsloyalität sei durch seine Verdienste um die USA hinlänglich bewiesen.

Hart ins Gericht geht Rabi anschließend mit dem Prozessverfahren. Die Art der Verhöre finde er demütigend für Oppenheimer. Eine politische Regie habe hier eine *schlechte Show* (S. 130) inszeniert. Den Ausschussvorsitzenden Gray warnt er, dieses Verfahren, das sicherlich kein Gerichtsverfahren ist und von daher kein Urteil im juristischen Sinn fällen wird, zu bagatellisieren. Denn der Spruch des Sicherheitsausschusses werde nach Rabis Meinung in der Öffentlichkeit schwerer wiegen als jede übliche Entscheidung eines öffentlichen Gerichtes.

Mit dieser Szene ist die Phase der Zeugenvernehmungen abgeschlossen. Es folgen die Plädoyers.

8. Szene: Die Plädoyers: Oppenheimer ist ein Sicherheitsrisiko – Oppenheimer ist ein Garant für die Demokratie

Oppenheimer – ein tragischer Held: schuldig

Die beiden Plädoyers werden von Robb und Marks vorgetragen. Robb räumt ein, dass ihn die Geschichte Oppenheimers persönlich bewegt habe. Die vielen Verhöre hätten nämlich gezeigt, welch tragische Figur Oppenheimer aufgrund seiner individuellen Widersprüche sei. Dennoch dürften in Fragen der nationalen Sicherheit Gefühlsregungen keine Rolle spielen. Vorzuwerfen seien Oppenheimer daher seine Sympathien zu Kommunisten, zu kommunistischen Tarnorganisationen und sein kommunistisches Weltbild. Diese Haltung Oppenheimers habe sich nach dem Zweiten Weltkrieg fortgesetzt: A-Bombe und H-Bombe faszinierten ihn zunächst gleichermaßen. Die A-Bombe konnte er „leichten Herzens" gegen die Rechtsdiktatur der Nazis entwickeln, gegen Linksdiktaturen, wie die der Sowjetunion, lehnte er es ab, die H-Bombe einzusetzen.

Fest stehe aber, dass mit dem Verlust des A-Bomben-Monopols der USA die Sowjetunion zur ernsten Weltgefahr geworden ist. Dennoch widersetzte sich Oppenheimer anfangs dem Dringlichkeitsprogramm. Nach Verabschiedung dieses Programmes habe er für die Idee einer Superbombe nur langfristig forschen wollen. Und als schließlich die ersten Tests angesetzt wurden, versuchte er diese zu verschieben. Er bemühte sich dagegen erneut um Abrüstungsverhandlungen. Für Robb ist Oppenheimer kein Verräter im streng juristischen Sinne. Was er getan hat, sei vielmehr die Form des Gedankenverrates.

Oppenheimer – ein ehrlicher Ratgeber: unschuldig

Marks wirft Robb vor, kein neues Material aus Oppenheimers „linker" Biografie vorgelegt zu haben. Die politische

Haltung des Intellektuellen Oppenheimer sei in höchsten Regierungskreisen bekannt gewesen; dennoch hätte man ihm in den Jahren 1943 und 1947 die Sicherheitsgarantie erteilt. Es bleibt die Frage, ob Oppenheimer den USA Schaden zugefügt hat, *indem er sich einem Wasserstoff-bombenprogramm gegen sein besseres Wissen und in illoyaler Absicht widersetzt hat* (S. 138).

Hat er dem Staat ehrliche Ratschläge gegeben? Dafür sprächen mehrere Gründe: Viele Fachleute hätten seinen Rat, den Bau der H-Bombe durch ein internationales Abkommen zu verhindern, befürwortet. Aus der H-Bomben-Debatte habe sich Oppenheimer schließlich in dem Moment ganz zurückgezogen, als das Programm von staatlicher Seite offiziell angeordnet wurde. Marks zitiert abschließend aus einem Zeitungsartikel, worin Oppenheimer seine Ansichten zur politischen Freiheit, zur Freiheit der Wissenschaft und zur Meinungsfreiheit äußert.

Verhöre und Plädoyers sind abgeschlossen – die Kommission zieht sich zur Beratung zurück und wird ein mehrheitliches Urteil sprechen.

9. Szene: Die Urteile und Oppenheimers Schlusswort

Das Urteil von Gray und Morgan: Oppenheimer ist ein Sicherheitsrisiko

Das Urteil ist ein Mehrheitsbeschluss: Gray und Morgan stimmen gegen eine Erteilung der Sicherheitsgarantie, Evans sieht in Oppenheimer kein Sicherheitsrisiko. Zunächst verliest Gray das Mehrheitsvotum: In Oppenheimers kommunistischen Verbindungen erkennen sie (Gray und Morgan) keine Anzeichen von Illoyalität. Dass er aber in der Chevalier-Affäre vorsätzlich gelogen hat, lasse *charakterliche Defekte* (S. 142) vermuten: Freundestreue ist auf keinen Fall höher zu schätzen als Staatsloyalität. Oppenheimers Haltung zur H-Bombe sei undurchsichtig:

Er habe die Entwicklung der „Super" behindert und andere Wissenschaftler negativ beeinflusst. Mit der Forderung nach einem internationalen Abkommen gegen den Einsatz der H-Bombe habe er Misstrauen gegen die US-Regierung bewiesen. In Summe heißt das: Dr. Oppenheimer hat das Vertrauen der Regierung nicht mehr verdient.

Ein persönlicher Zusatz von Gray allerdings lässt Zweifel aufkommen, ob es bei der Urteilsbildung der beiden Ausschussmitglieder um den ernsthaften Versuch der Wahrheitsfindung gegangen ist oder nur um diktiertes Befolgen von Regeln und Maßstäben. Ein anderes Urteil wäre, so gesehen, auch möglich gewesen.

Das Urteil von Evans: Oppenheimer ist das moralische Gewissen der Nation

Evans' Minderheitsvotum fußt auf zwei Überlegungen: Oppenheimer habe seine kommunistischen Verbindungen nie verheimlicht, sie waren den Behörden stets bekannt. Außerdem hätten diese vor der Zeit gelegen, in der sich Oppenheimer seine großen Verdienste um die USA erwarb. Damals erteilte man ihm das Vertrauen. In der „Super"-Debatte entscheidet Oppenheimer sich für die Stimme seines Gewissens. Er rät ehrlich ab, ein stichhaltiger Loyalitätsbeweis also.

Oppenheimers Schlusswort

Er reflektiert über den Vorwurf des *Gedankenverrat[es]* (S. 145). Wichtig für Oppenheimer ist die Frage, ob Kernphysiker nicht tatsächlich den Geist der Wissenschaft verraten hätten, als sie ihre Forschungsarbeiten den Militärs überließen, ohne dabei an die Folgen zu denken. Selbstkritisch beantwortet er diese Frage so: Die Arbeit für das Militär war Teufelsarbeit. Eine Mitarbeit seinerseits an Kriegsprojekten wird es zukünftig nicht mehr geben.

Wir haben uns bisher mit dem „reinen" Inhalt des Textes befasst; da zum Verständnis jedoch auch Informationen aus seinem Umfeld erforderlich sind, werden Sie im Folgenden nützliches Zusatzmaterial erhalten.

Zunächst geben wir Ihnen einige Daten zu Heinar Kipphardts Leben und Gesamtwerk.

Sodann finden Sie Informationen zur Komposition des Stückes, zu seinem formalen Aufbau und zu den sprachlichen Mitteln.

Wir werden dann über die historischen Zusammenhänge reden und danach den literaturgeschichtlichen Standort des Textes beleuchten, d. h. auch das Thema „Dokumentartheater" streifen.

Es folgen Hinweise zu themenverwandten Texten. Der Teil „Hintergrundwissen" wird mit Wort- und Sacherläuterungen zu schwierigen Begriffen abgeschlossen.

Die Interpretation im letzten Drittel des Buches will versuchen, die tieferen Sinnzusammenhänge und Bedeutungsschichten für Sie zu erschließen, um Ihnen die Möglichkeit zu eröffnen, die Aktualität des Textes für die heutige Welt, für unsere Gesellschaft und damit für Sie selbst zu realisieren.

Die Themen im abschließenden Aufgabenteil sind als Hilfen für Klausuren und Referate, aber auch als Tipps für Diskussionen im Unterricht gedacht.

**Heinar Kipphardt
geb. in Heidersdorf/Schlesien
am 8. 3. 1922
gest. in München
am 18. 11. 1982**

Im Mittelpunkt der Werke von Heinar Kipphardt steht fast ausnahmslos die jüngste deutsche Geschichte. Da er als Student und Soldat die Terrorherrschaft der Nazis und die Gräuel des Krieges miterlebte und miterlitt, fühlte er sich herausgefordert, diese Vergangenheit dadurch zu bewältigen, dass er sie schonungslos offen hinterfragte und beschrieb.

Bevor er als Autor bekannt wurde, hatte er Medizin studiert. Nach Abschluss von Studium und Doktorarbeit verließ Kipphardt die Bundesrepublik und ließ sich in der DDR nieder. Er glaubte nämlich, in diesem Teil Deutschlands bessere Bedingungen für eine aktive Aufarbeitung der jüngsten Geschichte vorzufinden.

Zunächst war Kipphardt Arzt in der psychiatrischen Abteilung der berühmten Ostberliner Charité. Von 1950–59 arbeitete er als Chefdramaturg am Deutschen Theater in Ostberlin. Für die Kulturfunktionäre der SED wurde Kipphardt aber 1959 wegen seiner „revisionistischen" (d. h. nicht linientreu marxistischen) Auffassungen und Praktiken zur politischen Unperson. Er kehrte in die Bundesrepublik zurück und wurde Dramaturg am Düsseldorfer Schauspielhaus. Von dort wechselte er nach München und war von 1970/71 an Chefdramaturg an den Münchener Kammerspielen. Hier in München starb er auch.

Bekannt wurde Kipphardt vor allem durch seine Bühnen-
werke, „Klassiker" des dokumentarischen Theaters. Aber
schon als Student schrieb er Gedichte; eine reine *Privatsache*,
wie er selbst einmal sagte. Erst 1977 erschien der Gedicht-
band »Angelsbrucker Notizen«, darin auch frühe Gedichte
aus den Jahren 1946–53. Seine Erzählung »Der Hund des
Generals« (1957/1962) und den Roman »März« (1976/1980)
schrieb er einige Jahre nach deren Erscheinen zu gleich-
namigen Bühnenstücken um.

Die bekanntesten Theaterstücke von Heinar Kipphardt:

1965 Joel Brand

In diesem Drama hält Kipphardt seinen Zuschauern
unter Verwendung authentischer Geschichtsquellen das
schmutzige Geschäft der Nazis vor Augen, die ungari-
sche Juden gegen Geld und LKWs auswandern lassen.

1980 März, ein Künstlerleben

Auch in diesem Stück wird die kalte Bürokratie kritisiert, diesmal die einer psychiatrischen Klinik. Mono-
ton und leidenschaftslos läuft die Behandlung der
Kranken ab, persönliches Interesse am Patienten ist
unwichtig. Auch der sensible und künstlerisch begabte
März wird ein Opfer dieser inhumanen Therapie-Fa-
brik und sprengt sich am Ende selbst in die Luft.

1983 Bruder Eichmann

Protokolle des historischen Eichmann-Prozesses in
Jerusalem sind die Ausgangsbasis für das Stück. Die
Befragung Eichmanns gibt Antworten darauf, warum
dieser so genannte *Schreibtischtäter ohne Gewissen* in
gehorsamer, blinder Ausübung von Befehlen zum
Massenmörder an Millionen Juden wurde. Mit der
Beifügung *Bruder* warnt Kipphardt davor, dass jeder
von uns ebenfalls ein unkritischer Befehlsempfänger
der Mächtigen aus Politik, Wirtschaft und Wissenschaft
werden kann.

Ausgangsfrage: Kann die Sicherheitsgarant‹

1. Szene: **Exposition**
1. Verhör: Robb – Oppenheimer
Warum baute Oppenheimer die A-Bombe,
warum die H-Bombe nicht?

1. Zwischenszene

3. Szene:
3. Verhör: Robb – Oppenheimer
Warum ist Oppenheimer kein KP-Mitglied?

3. Zwischenszene

5. Szene:
5. Verhör: Rolander – Oppenheimer
Sind Kommunisten nicht ein hohes Sicherheitsrisiko?

5. Zwischenszene

1. Teil

2. Teil

7. Szene: Dramatis‹
Die H-Bomb‹
Im Mittelpu‹
Ankl‹
Teller‹
Grigg‹

8. Szene: Die Plädoyers
Plädoyer der Anklage: Robb
1. Sympathisant der Kommunisten
2. Lügen
3. Gedankenverrat

9. Szene: Offener Schluss
Das Urteil: Keine Verlängeru‹
der Sicherheitsgarantie
(Gray & Morgan kontra,
Evans pro Oppenheimer)

24

r Oppenheimer verlängert werden?

2. Szene:
2. Verhör: Robb – Oppenheimer
Ist Oppenheimer nur ein Sympathisant der
Kommunisten?

2. Zwischenszene

4. Szene:
4. Verhör: Robb – Oppenheimer
Kann ein Kommunist an geheimen
militärischen Projekten mitarbeiten?

4. Zwischenszene

6. Szene:	**Erste Zeugenauftritte**
6. Verhör:	Robb – Oppenheimer: Spionagefälle?
7. Verhör:	Robb – Pash (1. Zeuge): Oppenheimer ist ein Sicherheitsrisiko!
8. Verhör:	Robb & Rolander – Lansdale (2. Zeuge): Oppenheimer ist loyal!

spitzung
batte
r weitere Zeugen
teidigung:
he
bi

Plädoyer der Verteidigung: Marks
1. Vertrauen der Sicherheitsbehörden
2. Ehrlicher Ratgeber
3. Freiheit der Wissenschaften

hlusswort Oppenheimers:
acht und Ohnmacht
r Physiker

© Mentor

25

In Kipphardts Stück geht es nicht um große Gefühle, wie in vielen anderen Theaterstücken – es geht um die nüchterne Suche nach einer Wahrheit. Der äußere Rahmen ist damit vorgegeben: Gerichtsatmosphäre und von daher zwangs-

1. Anglizismen

Wir haben ein Dokumentarstück vor uns, dessen Ausgangs-basis Protokolle in englischer Sprache waren. Dies wird an einigen Stellen deutlich.

••• Begriffe als Schlagworte

••• Wortbedeutungen und Satzkonstruktionen

2. Euphemismen

••• Es ist auffallend, wie viele verschiedene Begriffe für die A-Bombe bzw. die H-Bombe in dem Stück verwendet werden:

Der Euphemismus ist hier ein sprachliches Mittel des Verdrängens, nämlich den menschenfeindlichen Vernichtungswert der Atom- und Wasserstoffbomben zu bagatellisieren.

läufig nüchterne Juristensprache – sollte man meinen. Wie Sie sehen werden, spielt das „Juristendeutsch" zwar eine bedeutende Rolle, doch gibt es an dem Text noch andere sprachliche Besonderheiten festzustellen.

••••• *Fellow-Traveller* (S. 23), *Highbrows* (S. 48), *Trouble* (S. 47), *(schlechte) Show* (S. 117, 130), *New Deal* (S. 137)

••••• Evans: *Sie wissen vermutlich, daß wir uns das Geschäft hier nicht selber ausgesucht haben.* (S. 10)
Das englische Wort „business" hat ein weiteres Verwendungsspektrum als das deutsche Wort „Geschäft".
Oppenheimer: *Wir gaben Argumente [. . .].*
Ich gab Argumente [. . .]. (S. 13)
Im Englischen ist „give arguments" möglich. Im Deutschen werden Argumente „vorgebracht" o. ä.
Evans: *[. . .] wenn Dr. Oppenheimer das erinnert, [. . .].* (S. 94)
Der transitive Gebrauch verweist auf das englische „remember".
Pash: *Ich war ein veranlagter Boxer [. . .].* (S. 55)
Dieser attributive Gebrauch ist im Deutschen unüblich bzw. die Übersetzung von „talented" ist missglückt.

••••• *Es* [= die Atombombe] *ist kein hübsches Kind* (S. 11), *das Baby* (S. 11, 97), *dieses Patentspielzeug* (S. 11), *Joe I* (S. 81 – gemeint ist die erste sowjetische Atombombe, wobei „Joe" für „Josef Stalin" steht.)

3. Metaphorik

••• Die Atom-„Helden" (und gelegentlich auch andere Personen) äußern sich häufig mit Begriffen und in Bildern aus dem christlichen Bereich, vor allem aus der Bibel:

Damit werden zwei Charaktereigenschaften der Atom-„Helden" deutlich gemacht: Ihr Erfindungsgeist ist anmaßend, gottgleich, ohne Moral. Ihr Schöpfungswerk löst dann allerdings (zu spät) existenzielle Schuldgefühle und Ängste aus.

4. Die Juristen – ihre Sprech- und Sprach-„Waffen"

••• Fragetechniken

••• Unterbrechungen, Nachfragen

••• Doppelfragen

••• Zurechtweisungen

••• Hypotaktische Satzkaskaden

Diese Sprache und Sprechweise zielen auf den Gegner. Sie sollen die Wahrheit mit allen denkbaren Mitteln, die rhetorisch zur Verfügung stehen, ans Licht bringen: Verunsicherung, In-die-Enge-Treiben, Zurechtweisung, Einschüchterung.

••••• *Sünde* (S. 16), *Märtyrer* (S. 79), *Dreifaltigkeit* (S. 97), *Apostel der Super* (S. 116), *wallfahren* (S. 130), *Kreuzweg* (S. 146), *Gott allein weiß, ob [. . .]* (S. 110), *[. . .] oder weiß der Teufel was* (S. 61), *Himmel und Hölle in Bewegung setzen* (S. 54), *Wenn der andere Partner der Teufel wäre [. . .]* (S. 93), *Wir haben die Arbeit des Teufels getan [. . .]* (S. 147), *Er spielte sich ein bißchen in die Rolle des lieben Gottes, des Weltgewissens* (S. 38), *Er war damals ein Gott* (S. 64)

••••• Marks: *Mr. Robb, darf ich dem Zeugen eine Zwischenfrage stellen?*
      Robb: *Sie werden Mr. Griggs im Kreuzverhör haben, und Sie können ihm dann jede Frage stellen, Mr. Marks.* (S. 122)

••••• Robb: *Welche?* (S. 11)
      Robb: *Wer ist „wir", Doktor?* (S. 12)
      Robb: *Warum das, Doktor?* (S. 12)
      Robb: *Was für Wege, was für Mittel, Doktor?* (S. 51)

••••• Rolander: *Ist es zutreffend, Sir, daß Sie [. . .]?*
      Rabi: *Ja.*
      Rolander: *Ist es zutreffend, daß Sie [. . .]?* (S. 130)

••••• Rolander: *Sie haben meine Frage nicht beantwortet, Sir.* (S. 70)
      Robb: *Wenn Sie sich nur auf meine Frage beschränken würden, Mr. Lansdale.* (S. 70)

••••• Marks: *Sie wissen aber, daß hier untersucht wird, ob [. . .], ob [. . .], ob [. . .].* (S. 105)

1. Die Weltlage: Kalter Krieg

Im Jahre 1945 ist der schreckliche Zweite Weltkrieg zu Ende. Die Siegermächte fallen schon bald in zwei gegnerische Blöcke auseinander, wobei sich die USA und die Sowjetunion mit ihren Bündnispartnern in West und Ost ideologisch und militärisch gegenüberstehen. Es beginnt die Phase des Kalten Krieges, die bereits kurz nach Kriegsende einsetzt und bis in die 60er-Jahre hinein dauern wird. Dass es in dieser Zeit weltpolitischer Spannungen und vieler Stellvertreterkriege nicht zum atomaren 3. Weltkrieg kommt, liegt einerseits an der Besonnenheit der Regierenden, andererseits, und unlösbar damit verbunden, am Gleichgewicht des Schreckens, das im Stück etwa durch Teller (S. 111) angesprochen wird.

Deutschland, wie die Welt geteilt in Ost und West, ist ein Brennpunkt des Kalten Krieges. Am 17. Juni 1953 werden die Massendemonstrationen der Bevölkerung in der DDR gegen die Politik der SED von sowjetischen Panzern blutig niedergewalzt. Drei Jahre später kommt es in Ungarn zum Aufstand gegen die sowjetischen Unterdrücker – Panzer der Roten Armee ersticken den Ruf nach Freiheit. In Westdeutschland ist 1957 die atomare Aufrüstung der Bundeswehr beschlossene Sache. Etwa zur selben Zeit schießt die Sowjetunion die erste Rakete ins Weltall. Der „Sputnik" schockiert den Westen ungeheuerlich und löst in den USA ein gigantisches Raketenprogramm aus.

Höhepunkt des Kalten Krieges waren Anfang der 60er-Jahre der Mauerbau in Berlin 1961 und die Cuba-Krise von 1963. Beide Male stand die Welt am Rande des Atomkrieges.

Die außenpolitischen Spannungen schlugen sich in vielen Staaten auch innenpolitisch nieder. In vielen westlichen Demokratien wurde die Kommunistenfurcht zur prägenden Kraft weiter Bereiche des innenpolitischen Handelns, eine Konsequenz, auf die Rabi am Ende seiner Aussage mahnend hinweist (S. 130f.).

2. Die Bundesrepublik: Zeit des Umbruchs

Die Bundesrepublik wird nach ihrer Gründung 1949 ein äußerst wichtiger und verlässlicher Partner des Westens. Die NATO-Mitgliedschaft und später die Zugehörigkeit zur EWG beweisen das. Für viele kritisch denkende Bürger in der Bundesrepublik reizt die Regierung die demokratischen Spielregeln in vielen Fällen zu weit aus. Autoritäre Regierungsstrukturen und -maßnahmen formieren außerparlamentarische Protestgruppen im Lande. Die ersten Ostermärsche (1960–64), durch Verbote bzw. Auflagen der Länderinnenminister schikanös behindert, tragen neue Parolen in die Bevölkerung: „Verzicht auf Kernwaffen", „Kampf dem Atomtod", „Kampagne für Abrüstung".

Höhepunkt der innenpolitischen Kontroversen wird 1962 die „Spiegel-Affäre". Die Rechtsstaatlichkeit muss zum ersten Male nach dem Kriege wegen konkreter Maßnahmen von Polizisten und Verfassungsschützern ernstlich angezweifelt werden. Ein wichtiges Pressemagazin, »Der Spiegel«, das über militärische Themen kritisch berichtet hatte, sollte in einer Nacht- und Nebelaktion mundtot gemacht werden. Herausgeber und Chefredakteur wurden verhaftet. Dies war ein elementarer Schlag gegen die Pressefreiheit, für die Bundesregierung hingegen lag ein Fall von Hochverrat vor.

In diesem außen- wie innenpolitischen Spannungsfeld keimt in Kipphardt die Idee zu seinem »Oppenheimer«, ja der Stoff drängte sich aus seiner Zeit heraus geradezu auf. Die Erfolge des Stückes nach der Uraufführung 1964 scheinen das auch zu bestätigen.

1904 Julius Robert Oppenheimer wird am 22. April in New York geboren. Die Großeltern väterlicherseits waren reiche Juden aus Hanau, die in die USA ausgewandert waren.

1938 Otto Hahn und Fritz Straßmann entdecken die Kernspaltung beim Beschuss von Uran mit Neutronen.

1941 Die Japaner überfallen am 7. Dezember die US-Flotte bei Pearl Harbour. Die USA treten in den Zweiten Weltkrieg ein.

1942 General Groves erhält von Präsident Roosevelt den Auftrag, eine amerikanische A-Bombe bauen zu lassen. Das Unternehmen läuft unter dem Codenamen „Manhattan Project". Oppenheimer wird wissenschaftlicher Leiter.

1943 Das Forschungslabor wird in Los Alamos, einem Ort nahe Santa Fe, eingerichtet. Hier soll die erste A-Bombe entstehen.

1945 Bedingungslose Kapitulation des Deutschen Reiches am 8. Mai. Dennoch wird das Projekt nicht gestoppt.

1945 Der „Franck-Report" wird dem US-Präsidenten vorgelegt.
Seine Forderungen waren in der Hauptsache:
1. Eine internationale Kontrolle von Atomwaffen
2. Vor Abwurf einer A-Bombe auf Japan Durchführung eines öffentlichen Tests in unbewohntem Gebiet.

1945 Der erste Atombombenversuch findet am 16. Juli unter dem Codenamen „Trinity" in der Wüste von New Mexiko statt.

1945 Abwürfe der ersten Atombomben auf die japanischen Städte Hiroshima am 6. August und auf Nagasaki am 9. August. 160 000 Tote.

1949 Die Sowjetunion zündet am 29. August ihre erste Atombombe.

1950 Edward Teller wird auf Anordnung von Präsident Truman Leiter des Wasserstoffbomben-Projekts in Los Alamos.

1952 Die erste amerikanische Wasserstoffbombe „Mike" wird am 1. November auf dem Bikini-Atoll Eniwetok gezündet.

1953 Die erste sowjetische Wasserstoffbombe detoniert am 12. August über der sibirischen Insel Nowaja Semlja.

1954 Aufgrund des Oppenheimer-Hearings entscheidet Präsident Eisenhower: Oppenheimer darf nicht mehr an geheimen Projekten mitarbeiten, da er die Sicherheitsbedingungen der Vereinigten Staaten nicht erfüllt.

1963 Präsident John F. Kennedy sorgt für die öffentliche Ehrenrettung Oppenheimers; Oppenheimer erhält den Enrico-Fermi-Preis.

1967 Am 18. Februar stirbt Oppenheimer in Princeton, New Jersey, an Kehlkopfkrebs.

1982 Die laufenden Kosten für Los Alamos werden im Bundeshaushalt der USA mit 482 Millionen Dollar angegeben.

1990 Nuklearstrategische Streitkräfte der USA nach Sprengköpfen: 13 398

1991 Verteidigungshaushalt der USA: 285,6 Mrd. US-Dollar

1991 Anteil der Rüstungsausgaben am Bruttosozialprodukt (in Prozent): 4,9

Das Dokumentartheater

Das Stück »In der Sache J. Robert Oppenheimer«, das sein Autor schlicht „Schauspiel" nennt, wird dem „Dokumentartheater" zugeordnet. Die Ursprünge dieser Gattung liegen in den 20er-Jahren.

Ähnlich wie Brecht als Autor sieht Erwin Piscator als Dramaturg und Regisseur die Hauptaufgabe der Kunst darin, den Kampf gegen die politische Rechte, gegen die Unterdrückung der Massen zu unterstützen. Theater so verstanden, muss die Realität anhand von Dokumenten aus Politik, Geschichte und sozialem Alltag auf der Bühne abbilden. Die traditionelle fiktionale Handlungsdarstellung wird also abgelöst durch das nonfiktionale Sammeln und Darstellen von „Dokumenten" aus der Realität. Zum Quellenmaterial gehören Protokolle, Briefe, Interviews, Zitate, Reden usw. von historischen oder zeitgenössischen Persönlichkeiten. Diese Quellen werden dann vom Autor bearbeitet: Auswahl, Anordnungen, Kürzungen, Umschreibungen, Zusammenfassungen, Erklärungen, Ergänzungen usw. gehören zu den „dichterischen Freiheiten".

Die Kritik am Dokumentartheater zeigt ein breites Spektrum unterschiedlichster Meinungen: Flucht ins Dokument, Dichter als Monteure von Zeitstücken, Geschichtsbewältigungszwang, Propagandatheater, Modeprodukte an Hilflosigkeit sind in Schlagworten die Hauptvorwürfe.

Die 60er-Jahre

Warum lebt nun dieses politische Theater zwischen 1962–1970 in der Bundesrepublik Deutschland wieder auf? Die Bevölkerung genießt schon relativ bald nach dem Krieg das satte Wirtschaftswunderleben. Und an Vergangenes, an das „Tausendjährige Reich", will man nicht mehr denken. In dieser Situation des kollektiven Verdrängens übernehmen verschiedene Schriftsteller mit politisch akzentuierten Texten, darunter auch Theaterstücken, die Rolle der unbequemen Mahner. Die Dramatiker unter ihnen liefern beunruhigende Dokumente, die öffentlich gemacht werden sollen und müssen. Das provozierte Publikum soll prüfen und Standpunkt beziehen. Die drei Hauptvertreter dieses Theatertyps sind Rolf Hochhuth, Peter Weiss und Heinar Kipphardt. In ihrem Grundanliegen, historische Dokumente zum Bühnenstoff zu machen, stimmen sie überein. Ihre dramatischen Mittel und Zielsetzungen laufen jedoch auseinander.

Rolf Hochhuth

Hochhuth wird mit seinem Drama »Der Stellvertreter« mit einem Schlage weltweit bekannt. Papst Pius XII., nach römisch-katholischer Lehre der „Stellvertreter Gottes" auf Erden, wird in diesem Drama vorgeworfen, zu den Judenverfolgungen aus finanziellen und politischen Gründen geschwiegen zu haben.

Peter Weiss

Sein dokumentarisches Theater ergreift eindeutig Partei und führt meist zu einer scharfen Verurteilung. »Die Ermittlung« ist die dramatische Version des Auschwitz-Prozesses in Frankfurt/M. (1963/65). Anhand von Aussagen seiner Figuren (Angeklagte, Opfer, Richter, Zeugen) zeichnet Weiss den schrecklichen Marsch von Juden in die Gaskammer nach und beantwortet die Frage, wie und warum das Phänomen der perfekten Massenvernichtung möglich war. Die Stücke »Vietnam-Diskurs« und »Trotzki im Exil« bedeuten den Schritt vom Dokumentartheater hin zum politischen Agitationstheater.

Heinar Kipphardt

Nach Auffassung Kipphardts *ist [es] die Absicht des Verfassers, ein abgekürztes Bild des Verfahrens zu liefern, das szenisch darstellbar ist und das die Wahrheit nicht beschädigt* (S. 149). Er spricht also deutlich aus, dass es für ihn kein sklavisches Festhalten am Dokument gibt. Fiktionalität und Faktizität halten einander im Gleichgewicht.

Von ähnlicher Thematik wie Kipphardts »In der Sache J. Robert Oppenheimer« sind die beiden Bühnenstücke »Leben des Galilei« von Bertolt Brecht und »Die Physiker«

	Bertolt Brecht: **Leben des Galilei** (1938–56)	**Friedrich Dürrenmatt:** **Die Physiker** (1962)
Hauptfigur	Galilei, der geniale Mathematiker und Naturwissenschaftler, eine historische Figur.	Der geniale Physiker Möbius, eine erfundene Figur des Stückes.
Story	Galilei bestätigt mit seinen Forschungen das Weltbild von Kopernikus, nämlich dass die Erde ein Planet ist und die Sonne umkreist. Die Kirche und die Fürsten der Renaissance lehnen das als Ketzerei ab.	Der Physiker unternimmt den Versuch, im Irrenhaus Wahnsinn vorzutäuschen, um die Welt vor seiner gefährlichen Entdeckung (die die Vernichtung der Menschheit zur Folge hätte) zu bewahren.
Ausgang	Galilei distanziert sich aus Angst vor der Inquisition von der Wahrheit, was er am Ende selbst verurteilt.	Möbius hat Pech, die Direktorin der Klinik, eine wirklich Wahnsinnige, hat die Formel abgeschrieben und nutzt sie für Vernichtungswaffen.
Folge	Galileis Haltung ist zum einen „Verrat" an der Wissenschaft; zum anderen wird die Verantwortung des Wissenschaftlers gegenüber seinen Forschungen und ihre gesellschaftliche Nutzung deutlich.	Die Vernichtung der ganzen Welt kann nicht mehr gestoppt werden. Die Situation ist ausweglos: tragisch und komisch zugleich, von „schwarzem" Humor.

von Friedrich Dürrenmatt. Auch hier geht es um die gesellschaftliche Verantwortung des Naturwissenschaftlers für die Folgen seiner wissenschaftlichen Forschungen.

**Heinar Kipphardt:
In der Sache J. Robert Oppenheimer** (1964)

••••• Der geniale amerikanische Atomphysiker J. Robert Oppenheimer, eine historische Figur.

••••• Der Konflikt Oppenheimers besteht in seinem loyalen Verhalten der Regierung der USA und der Menschheit gegenüber. Er hat Angst vor dem Missbrauch seiner und anderer Forschungsergebnisse (A-Bombe, H-Bombe) durch den Staat und das Militär.

••••• Das Urteil der Kommission: Oppenheimer ist ein Sicherheitsrisiko und muss aus dem Forschungsprogramm (H-Bombe) ausscheiden. Humane Prinzipien in der Forschung sind demnach für die Mächtigen uninteressant.

••••• Die Selbstverurteilung Oppenheimers: Die militärische Nutzung der Kernforschungen war ein Verrat an der Wissenschaft, friedliche Forschung ist daher gefordert! Aber: die Problematik der atomaren Bedrohung bleibt, solange nicht alle Kernphysiker so handeln (ein „Hippokrates-Eid" der Naturwissenschaftler!).

Sie können natürlich ganz privat oder auch als Anstoß für den Unterricht das Oppenheimer-Thema vertiefen. Auf dieser Seite finden Sie Hinweise zu verschiedenen Bereichen der Literatur, der Kunst und der öffentlichen Diskussion.

Der Naturwissenschaftler, seine Werke und die Folgen

1. Bertolt Brecht: Leben des Galilei (Drama). 1956
2. Carl Zuckmayer: Das kalte Licht (Drama). 1955
3. Wolfgang Weyrauch: Die japanischen Fischer (Hörspiel). 1955
4. Friedrich Dürrenmatt: Die Physiker (Drama). 1962
5. Marie Luise Kaschnitz: Hiroshima (Gedicht). 1951

Der allmächtige Staat

1. Aldous Huxley: Schöne neue Welt (Roman). 1932
2. George Orwell: 1984 (Roman). 1949
3. Walter Jens: Nein. Die Welt der Angeklagten (Roman). 1950
4. Alfred Andersch: Artikel 3.3 (Gedicht). 1976

TV-Inszenierungen vom »Oppenheimer«

1. Heinar Kipphardt: In der Sache J. Robert Oppenheimer. TV-Inszenierung des Dramas, 23. 1. 1964, ARD
2. Heinar Kipphardt: In der Sache J. Robert Oppenheimer. Inszenierung des Bayerischen Staatsschauspiels, TV-Übertragung, 1. 11. 1981, ARD
3. Heinar Kipphardt: In der Sache J. Robert Oppenheimer. TV-Inszenierung des Dramas, 27. 11. 1983, DFF-DDR
4. J. Robert Oppenheimer. 7-teilige Sendung der BBC, erste Sendung am 7. 3. 1983 in der ARD

Theoretische Texte – Reportagen

1. Robert Jungk: Heller als tausend Sonnen. Das Schicksal der Atomforscher. Reinbek b. Hamburg 1979
2. Helmut Erlinghausen: Hiroshima und wir. Augenzeugenberichte und Perspektiven. Frankfurt/M. 1982
3. E. Tashiro/J. K. Tashiro: Hiroshima. Menschen nach dem Atomkrieg. Zeugnisse, Berichte, Folgerungen. München 1983
4. Monica Braw: Wir sind die Angst der Welt. Ein Roman von den Überlebenden in Hiroshima und Nagasaki. Frankfurt/M. 1982

Sekundärliteratur

1. Bartelheimer/Nutz (Hg.): Heinar Kipphardt: »In der Sache J. Robert Oppenheimer«. Materialien. Stuttgart 1984
2. Fasse, Ferdinand: Heinar Kipphardt: »In der Sache J. Robert Oppenheimer«. München 1988

Wort- und Sacherklärungen

McCarthy (S. 8, 48, 73)	Amerikanischer Politiker (1909–1957), Senator seit 1947; Vorsitzender des Senatsausschusses zur Untersuchung „unamerikanischer Umtriebe". Seine Praktiken waren sehr umstritten, wurden oft „Kommunistenhysterie" genannt.
Kernspaltung/ Atombombe/ Wasserstoff- bombe (S. 11)	*die durch Neutronen bewirkte Spaltung von schwersten Atomkernen [...] in zwei leichtere Bruchstücke [...] bei gleichzeitigem Freiwerden von Kernenergie u. mehreren Neutronen. Die freiwerdenden Neutronen rufen bei Auftreffen auf andere Kerne weitere Kernspaltungen hervor, so daß bei Vorhandensein einer Mindestmenge (kritische Masse) von spaltbarem Material (Spaltstoff) eine Kettenreaktion von Kernspaltungen einsetzen kann (bei der Explosion von Atombomben).*[1] Die Wasserstoffbombe (H-Bombe) ist eine besondere Form der Atombombe (A-Bombe), deren Wirkung nicht auf der Spaltung, sondern auf der Verschmelzung von Atomkernen (des Wasserstoffs) beruht.
Spanischer Bürgerkrieg (S. 23)	1936 putschten spanische Einheiten in Melila (Spanisch-Marokko) gegen die republikanische Regierung in Madrid. Drei Jahre dauerte der Bürgerkrieg zwischen den Faschisten unter General Franco und den Republikanern. Franco wurde unterstützt von Hitler und Mussolini; internationale Brigaden engagierten sich auf republikanischer Seite.
Hitler-Stalin- Pakt (S. 24)	Deutsch-sowjetischer Nichtangriffspakt (vom 23. 8. 1939). Festlegung der beiderseitigen Interessensgebiete in Osteuropa.

---

1 Schülerduden »Das Wissen von A–Z«. Mannheim ³1992, S. 270

Geheimes Zusatzprotokoll, u. a. über die Aufteilung Polens

Deutschland – Italien – Japan (S. 29)
Anti-Komintern-Pakt zwischen Deutschland und Japan (1936) und Italien (1937). „Komintern" ist ein Kurzwort für die Kommunistische Internationale.

Stalingrad (S. 36, 50)
Stadt an der Wolga. Im November 1942 wurde die 6. Armee (300 000 Mann) unter General Paulus in dieser Stadt von der Roten Armee eingeschlossen. Im Februar 1943 ergaben sich die deutschen Truppen. 91 000 Überlebende kamen in russische Gefangenschaft.

Highbrow (S. 48)
Intellektueller; abwertend gemeint: hochgestochene Person

Affäre Dreyfus (S. 79)
Alfred Dreyfus (1859–1935), französischer Offizier, Jude, wurde wegen angeblichen Landesverrats (Preisgabe militärischer Geheimnisse an das Deutsche Reich) 1884 auf die Teufelsinsel verbannt; 1906 freigesprochen und rehabilitiert.

China-Debakel (S. 99)
Die USA versuchten in China den beschleunigten Verfall des Kuomin-tang-Regimes (KMT) aufzuhalten. Vor der Großoffensive der ehemals verbündeten Kommunisten flüchteten die Nationalchinesen 1949 auf die Insel Taiwan, wo unter Tschiang Kai-schek die Republik China entsteht. Am 1. 10. 49 ruft Mao Tse-tung seinerseits die Volksrepublik China aus. Die USA interpretierten das als den „Verlust Chinas".

Inter-
pretation

Wenn Sie bis hierher durchgehalten haben, sind Ihnen die zentralen Informationen zu Text und Umfeld bekannt. Im nun folgenden Interpretationskapitel werden Ihnen drei Deutungsschwerpunkte präsentiert: der kompositorische, der juristisch-politische und der moralisch-ethische Aspekt.

1. Vorbemerkung

In den Kapiteln „Der politische Hintergrund" und „Die literarische Gattung" erfuhren Sie einiges über die politischen Motive, die Kipphardt zur dramatischen Bearbeitung des Oppenheimer-Themas führten. Inzwischen ist außerdem bekannt, dass dieses Drama stark autobiografische Züge trägt. Kipphardt selbst, von 1950–59 Chefdramaturg in Ostberlin, wird am 16. 3. 59 von der Kulturkommission beim Politbüro des ZK der SED in Anwesenheit des Kulturministers der DDR verhört. *Die fast zehnstündige Sitzung galt einem Mann: Heinar Kipphardt [. . .] und seinen [. . .] revisionistischen Auffassungen und Praktiken. Kipphardt wurde in die Mangel genommen, und er verließ als geschlagener Mann den Saal. Wenige Wochen später ging er zurück in die Bundesrepublik.*[1] Es ist also anzunehmen, dass Kipphardt beim Schreiben des Stückes seine eigene „Oppenheimer-Erfahrung" immer vor Augen bzw. im Kopf hatte.

2. Struktureller Aufbau

Thematisch wie kompositorisch teilt sich das Drama in zwei etwa gleich große Hälften. In den Szenen 1–6 geht es im Zu-

---

1 Hanuschek, Sven: Ich nenne das Wahrheitsfindung. Heinar Kipphardts Dramen und ein Konzept des Dokumentar-Theaters als Historiographie. Bielefeld 1993, S. 142

sammenhang mit dem Bau der A-Bombe um Oppenheimers Kontakte zu Kommunisten; die Szenen 7–9 thematisieren Oppenheimers Verhalten bei der Entwicklung der H-Bombe. In diesem Großraum von Bühne und Verhör sind formale Elemente zu finden, die den Ablauf der Handlung spannend, plausibel und realistisch machen.

2.1 Die Exposition

Wie „lockt" Kipphardt den Zuschauer und Leser an? In scheinbar lockerer Atmosphäre und mit höflichen Begrüßungsfloskeln lässt er Ausschussmitglieder, Anwälte und Oppenheimer in Szene treten. Mithilfe einer vorgespielten Videokassette kommt Senator McCarthy persönlich zu Wort. Die Schärfe seiner Worte wird den Ton und die Atmosphäre für das laufende Tribunal entscheidend mitbestimmen: Er unterstellt, Kommunisten bereiteten den Untergang der Nation vor und berieten die Regierung falsch. Oppenheimer stören allerdings nicht die Hetzworte des Senators, er bemängelt vielmehr die Zusammensetzung des Ausschusses: Da die *schwierigen Pflichten des Physikers* (S. 9f.) zu erörtern sind, sollten eigentlich Fachleute im Ausschuss sitzen; anders formuliert: Am Ende könnte ein Urteil mit dem so genannten „gesunden Menschenverstand" und nicht mit Sachverstand gefällt werden.

Zu Beginn des Verhörs, das in seinen Rückblenden die Funktion einer klassischen Exposition erfüllt, scheint Oppenheimer das Tribunal noch gar nicht ernst zu nehmen. Pfeife rauchend stellt er sich Anwalt Robb zur Verfügung und plaudert über seine Arbeit in Los Alamos. Kurzes einsilbiges Nachfragen von Robb unterstreicht aber schnell den Ernst der Situation: Oppenheimer gesteht *die Art von Schizophrenie, in der [die] Physiker seit einigen Jahren leben* (S. 14) ein, das Widersprüchliche seiner Person (Forschung und Krieg) klingt deutlich an und wird bis zum Schlusssatz des Stückes linear verfolgt. Die Atmosphäre ist jetzt bereits etwas gereizt, Oppenheimers

Antworten sind Gegenoffensiven (*Sie müssen sich nicht vertei-
digen*, S. 17), Einsprüche werden beantragt und bestimmte Fragen können erst bei Nachhaken (S. 20) beantwortet werden.
Kipphardts Entwurf einer Gerichtsverhandlung „live" ist
durchaus gelungen. Oppenheimer weiß also, was ihn in den
weiteren Verhören erwartet: Es wird Jagd auf ihn gemacht
werden (vgl. McCarthy-Zitat, S. 8 f.). Die Anklage wird nachweisen wollen, dass er dem Staat gegenüber keine Loyalität
gezeigt hat und ein Verräter (S. 18) ist.

2.2 Szenische Mittel

Die Szene

Von dem mehrwöchigen Verhör zeigt Kipphardt dem Zuschauer in sieben Szenen neun repräsentative Verhandlungs-
tage. Jede einzelne Szene (außer Szene 1) beginnt mit einer
optischen wie akustischen Miniouvertüre: Lichtprojektion,
Lautsprecheransage, Schlagzeilen. Diese „Verfremdungseffek-
te", um mit Brecht zu sprechen, reißen den Zuschauer immer
wieder aus der Bühnenhandlung heraus; dazu gehören weiter-
hin montierte Interviews als Videokassette (S. 8, 58), zitierte
Briefe, Verlautbarungen (S. 89, 118, 140), Dokumente (S. 8, 80),
Tonbandaufnahmen (S. 41), Zeitungsschlagzeilen (S. 79) und
Fotos (S. 92). Einblendungen dieser Art sollen den authenti-
schen Wert der Materialien sichern, auf zwingende Weise immer den Kontakt zur Außenwelt möglich machen und dem Zuschauer die Illusion nehmen, hier werde nur „Theater
gespielt" und am Leben vorbeigeredet. Dieser offenen Form
haben sich die Vertreter des dokumentarischen Theaters, wie
wir bereits wissen, ja verpflichtet (s. o. S. 34 f.).

Die Zwischenszene

Ein weiteres Mittel, die Handlung zu unterbrechen, sie zu ergänzen oder die Szene abzuschließen, ist die Zwischenszene.
Wir finden sie jeweils nach den Szenen 1–5 und 8; versteckt
erkennen wir sie wieder, wenn in der Mitte von Szene 7 Teller

eine *allgemeine Erklärung* abgeben darf (S. 110). Diese Mikroszenen unterscheiden sich von dem Informationsaustausch im laufenden Hearing darin, dass hier die Figuren ihre ganz persönlichen Gedanken, Zweifel, Fragen und Gefühle äußern können. Sie „vertreten" sich für einen Augenblick selbst und werden in dieser neuen Rolle sozusagen privat gezeigt, wie sie versuchen, das öffentliche Problem „Oppenheimer" persönlich neu zu durchdenken. Besonders eindrucksvoll fällt auch Oppenheimer am Ende der 8. Szene aus seiner Rolle und beendet das Verhörspiel ganz nüchtern und undramatisch wie ein Moderator mit protokollarischem Zitat. Die Zuschauer können ganz kurz gedanklich „verschnaufen" und sich innerlich auf das Urteil vorbereiten.

> Die Zwischenszenen dienen also zur persönlichen Profilierung der Figuren, da sie hier aus ihren staatlicherseits aufgezwungenen Masken heraustreten können.

2.3 Die Regieanweisung

Ein weiteres Mikroteilchen szenischer Darstellung ist die Regieanweisung. Darin gibt der Autor zusätzliche Direktiven zur Gestaltung der Szene. Von den vielen Regieanweisungen in dem Stück seien einige wenige genauer betrachtet: Zunächst wären da die einfachen „Handreichungen" und Handlungsimpulse für den Schauspieler: *Er reicht Oppenheimer eine Kopie* (S. 81), *Rolander setzt das Verhör fort* (S. 23), *Der Beamte geleitet Lansdale in den Zeugenstand* (S. 66).

Aussagekräftiger sind die Regieanweisungen für zugespitzte Konfliktsituationen: Robbs angeblich *freundlich[e]* (S. 25) Frage nach Oppenheimers Beziehung zu Jean Tatlock verletzt diesen so sehr, dass er den Zeugenstand verlässt. Sein Anwalt holt Oppenheimer durch Einspruch zurück, Robb beteuert die faire Absicht (S. 26) seiner Nachforschungen, doch Oppenheimer lässt ihn nur *hochmütig* (S. 26) abblitzen. Ähnlich verhält sich Oppenheimer auch Teller gegenüber: *hochmütig* (S. 109) verweigert er jede verbale Kontaktaufnahme mit ihm. Oppenheimer zeigt sich kompromisslos. Dem Anwalt wird er pflichtgemäß nur Rede und Antwort stehen oder schweigen – von dem Forscherkollegen aus vergangenen Tagen will er nichts mehr wissen, er nimmt ihn gar nicht zur Kenntnis.

Kipphardt weist den Figuren des Stückes eine ganze Palette unterschiedlicher Lachweisen zu. Rabi fällt als humorvoll-witzige, vielleicht sogar etwas kabarettistische Person auf. Sein Lachen ist ehrlich, es erheitert die anderen Beteiligten. Er trifft aber auch ironisch sicher (*scharfzüngig*, S. 125) den, der es verdient, nämlich Griggs (S. 127). Genauso ehrlich, unverfälscht und leidenschaftlich drückt er aber auch seine Teilnahme für Oppenheimer aus. Wütend gibt er Robb zu verstehen, dass der FBI-Bericht über seinen Kollegen ihn *angekotzt* habe (S. 129), dass das Verhör eine *schlechte Show* sei (S. 130). Die gesunde Kombination von echtem Humor und unverhüllter Wut bei Rabi scheint die Sachlichkeit des Prozesses infrage zu stellen.

Eine ganz andere Qualität bekommt das Lachen bei Pash. Kipphardt lässt diese Figur auffallend viel lachen. Pash versteckt sich dahinter (S. 55), ist verlegen bzw. spielt sich groß auf, steht unter Druck und ist nervös (S. 60). Insgesamt betrachtet, verrät sein häufiges Lachen nur seine Unsicherheit gegenüber dem Ausschuss und nicht zuletzt gegenüber Oppenheimer.

Eine besonders raffinierte Art, die Fraktionen in diesem Drama voneinander zu unterscheiden, leisten die Regieanweisungen beim Auftreten und Abgang der Zeugen. Pash, Teller und Griggs nähern bzw. entfernen sich vom „Tatort" mit devoter Unterwürfigkeit bzw. übertriebenem Respekt (S. 54, 111, 120, 125). Ganz anders dagegen Lansdale, Bethe und Rabi: Sie erscheinen schlicht, einfach, z. T. in Eile. Sie stellen sich den Fragen und ihre Antworten sprechen Oppenheimer die Sicherheitsgarantie aus. Ihre Abgänge sind untheatralisch.

Die Regieanweisungen tragen also dazu bei, die Zeugen-
gruppierungen deutlich zu unterscheiden und Wert oder
Unwichtigkeit der Zeugenaussagen zu unterstreichen. In
Summe können die Regieanweisungen als funktionales
szenisches Mittel folgendermaßen erklärt werden:
– Sie sind ein notwendiges nonverbales Instrument der
  Textrealisierung und Inszenierung.
– Sie markieren deutlich die Konfiguration: Kontrahenten,
  Sympathisanten und Fraktionen.
– Sie charakterisieren die Figuren schon im Vorfeld.

2.4 Konfigurationen – oder: Der Spieleinsatz der Figuren

In dem Kapitel zum dokumentarischen Theater hatten wir ge-
lesen, dass der Autor die historischen Quellen bzw. Materialien
bearbeitet (s. o. S. 34). Wir werden uns in diesem Abschnitt im
Sinne des W-Kataloges (wer-was-wo-wann-mit wem? . . .) fragen müssen, wie Kipphardt die historischen Personen als
Theaterfiguren auftreten, handeln und sprechen lässt und wie
das historische Oppenheimer-Hearing jetzt als Theatertribu-
nal abläuft. Es fällt auf, dass Kipphardt auf eine streng symme-
trische Komposition achtet. Das Personeninventar in den fünf
Zwischenszenen und die Zusammensetzung des Ausschusses
(hier muss ja auch mehrheitlich ein Urteil gefällt werden)
bilden hierbei eine Ausnahme. Das Verhältnis der Zeugen ist
3 : 3 verteilt, das der Anwälte 2 : 2, das der Auftritte der Zeugen
1 : 1 in Szene 6, 2 : 2 in Szene 7. Die Reihenfolge der Auftritte
in dieser Szene 7 erfolgt auch ausgeglichen: Teller (kontra
Oppenheimer) – Bethe (pro) – Griggs (kontra) – Rabi (pro).
Dem Regelwerk eines Prozesses entsprechend, gibt es in der
8. Szene auch zwei Plädoyers. Der Autor scheint also auf den
ersten Blick völlige Chancengleichheit zeigen zu wollen.

Bei genauerem Hinsehen sind allerdings kleine Verschiebun-
gen zu entdecken: In fünf Zwischenszenen kommen drei Op-
penheimer-Gegner zu Wort. Teller ist die einzige Figur vor

dem Urteilsspruch, die eine längere Erklärung abgibt und Robb darf in seinem Plädoyer deutlich länger sprechen als Marks. Untersuchen wir nun die Tiefenstruktur unterhalb der sichtbaren Textoberfläche, so entdecken wir ständig Ungleichheiten bzw. Unausgewogenheiten. Gehen wir in der Reihenfolge der Szenen vor, so fällt bereits bei der personellen Zusammensetzung der beiden Anwaltteams das Gleichgewicht der Kräfte spürbar auseinander.

Robb-Rolander ist ein offensives Team (sprichwörtlich: anklagend): Sie spielen sich bei den Kreuzverhören die Bälle in Form aller möglichen Fragetechniken geschickt, oft blitzschnell zu, sie ergänzen sich und lösen einander an passender Stelle ab. Sie verweigern Zwischenfragen oder unterbrechen häufig. Sie nehmen die Opfer „richtig in die Mangel" (S. 22–24, 29–32, 89, 98, 101, 103).

Bei Marks und Garrison hat der Zuschauer eher den Eindruck, dass Marks der eigentliche Kopf des Teams ist und Garrison (selbst wenn er ohne Pannen Bethe allein verhören „darf") über die Rolle des Assistenten nicht hinauskommt (S. 104). Dieses Team arbeitet zu solistisch, zu sanft, zu unspektakulär, d. h. erfolglos, auch wenn Marks zweimal für Oppenheimer stabile Alibis konstatiert oder etwa den raffinierten Robb daran erinnern muss, noch eine Frage zu beantworten (S. 20). Marks mangelt es an Selbstbewusstsein und Durchsetzungsvermögen: Er ist der Einzige im Hearing, dem eine Zwischenfrage nicht gestattet wird (S. 122) und dem Oppenheimer den Verzicht auf ein Kreuzverhör vorschreiben kann (S. 124).

Auch die Zeugen haben höchst unterschiedliches Gewicht: Pash und Griggs sind Staatsdiener der unangenehmsten Art: dümmlich, verbissen, arrogant, rücksichtslos, ehrgeizig und borniert. Gestörte Persönlichkeiten, Paranoiker (S. 123) also, doch ideale Befehlsempfänger (S. 55, 121) und damit ebenso mächtig wie gefährlich.

Lansdale und Bethe dagegen sind Persönlichkeiten im wörtlichen Sinne. Obwohl Lansdale die unangenehme Arbeit einer Personenobservierung an Oppenheimer durchgeführt hat, sieht er durchaus die demokratischen Spielregeln durch Panikmache und Demagogie (S. 73) gefährdet. Wenn die Anklage die Integrität seiner Person anzweifelt, kann er auch kurz die Fassung verlieren und den Anwalt unterbrechen:

 Verflucht, ich wurde damals runtergemacht, [...]. Was soll da die Wiederkäuerei von altem, längst erledigtem Stoff aus dem Jahre 1940 oder 1943? Das verstehe ich unter Hysterie. (S. 74)

Bethe ist ein kritischer Kopf, der berechtigte Zweifel hinsichtlich der H-Bomben-Entwicklung ausspricht (S. 110). Tellers Auffassung von einem Atomkrieg nennt er blanken *Unsinn* (S. 120) und Oppenheimer hält er immer noch für staatsloyal (S. 117).

Teller und Rabi stehen sich in einem stabilen Gleichgewicht gegenüber: Ihre persönlichen Statements sind deutlich und von scharfer Gegensätzlichkeit. In Teller sehen wir ein Forscher-Monstrum, gefühlskalt und fanatisch: *Entdeckungen [sind] weder gut noch böse [...], weder moralisch noch unmoralisch, sondern nur tatsächlich* (S. 108). Forscher, die Moral und Angst vor einem Atomkrieg zeigen, verurteilt er. Abschreckung durch Vernichtungswaffen ist für Teller der Garant für die Erhaltung des Weltfriedens (S. 111).

Rabi ist ein Mensch, der sagt, was er denkt, und ein hoch qualifizierter Wissenschaftler. Im Gegensatz zu Teller vertritt er auch die Meinung Oppenheimers, dass der Bau der „Super" die militärische Position der USA nur geschwächt habe (S. 126). Er durchschaut den innenpolitischen Machtkampf von Air Force, Heer und Marine auf Kosten der Wissenschaftler. Konstruktiv kritisiert er Anlass und Verfahren dieses Tribunals: *Sie hätten eine Anklageschrift verlangen müssen* (S. 131), rät er Evans. Sein Schlusssatz lässt Unheilvolles für den Urteilsspruch ahnen: *Ihr Spruch wird schwerer wiegen als die Entscheidung eines Gerichts* (S. 131).

Von Bedeutung für Meinungsbildung, Parteinahme und Abgrenzung ist auch die Reihenfolge der Auftritte. Kipphardt schaltet die Personen ganz gezielt so hintereinander, dass der Zuschauer ständigen Wechselbädern zwischen Gefühl und Verstand ausgesetzt ist.

Auf den ehemaligen Boxer und Rugbytrainer Pash (vgl. S. 55) folgt der Harvard-Absolvent Lansdale (vgl. S. 66). Seine Gedanken setzen den Schlusspunkt der 6. Szene und damit des 1. Teils des Stückes. Mit Bethes Auftritt kann Kipphardt den Zeugen Teller quasi einkreisen und dessen Wirkung zunächst einmal neutralisieren. Genauso mit Griggs, dessen Wert als Zeuge zwischen Bethe und Rabi relativiert wird. Mit Rabi lässt Kipphardt ein zweites Mal einen Oppenheimer-Freund ein „Schlusswort" sprechen.

Nicht genug damit. Auch die Reihenfolge der Plädoyers legt Kipphardt fest: Robb spricht als Erster, seine Trümpfe *Gedankenverrat* (S. 135) und *Freiheit [hat] ihren Preis* (S. 136) stechen, sie zielen aufs Gefühl und entziehen sich dem Verstand. Marks riskiert ein Doppelplädoyer: Er selbst widerlegt zuerst exakt alle Anklagepunkte und erinnert appellierend an Oppenheimers Worte und Auffassungen von der *politischen Freiheit* und der *Meinungsfreiheit* (S. 140), die er abschließend zitiert. Die Personenauswahl und die Reihenfolge ihrer Auftritte sind also von Kipphardt gekonnt und überzeugend so arrangiert, dass der Zuschauer von dem Dreierausschuss ein kluges, politisch korrektes, ehrliches und menschenfreundliches Urteil erwarten darf. Die Konfigurationen ermöglichen also eigentlich ein plausibles Vor-Urteil für das Ende des Tribunals.

Das Urteil selbst ist für Oppenheimer nicht mehr von Belang. Aber es ist objektiv eine Ohrfeige für alle Menschen, die sich den Idealen des demokratischen Staates verpflichtet fühlen. Wer von Anfang an den Verdacht gehegt hat, hier werde ein abgekartetes Spiel, eine *schlechte Show* (S. 130) gespielt, sieht sich am Ende bestätigt. Oppenheimer und natürlich auch den Zuschauern ist nicht ganz wohl dabei zumute, wie der Ausschuss zusammengesetzt ist (S. 9). Auch Lansdale und Evans äußern immer wieder ihre Kritik an diesem Tribunal (S. 26, 74). *Schlachtplatz* nennt Marks das Verfahren, unfair sei es, weil die geheimen Materialien, Briefe und Berichte beschlagnahmt worden seien (S. 34). Und Oppenheimer selbst verliert im Laufe des Stückes immer mehr an Aktivität, an Biss und Hoffnung. In der 7. Szene schildert er Evans seine Gefühle tiefen Schreckens und andächtiger Begeisterung beim Aufblitzen des Atomfeuers – damals (S. 94). Dann nimmt Kipphardt seinen Helden angeschlagen aus dem „Ring" (S. 95): Das Ergebnis der Anhörung scheint hier bereits beschlossene Sache zu sein.

Besonders für Morgan und Rolander steht das Urteil unumstößlich fest, egal, was im weiteren Verlauf des Hearings auch noch vorgebracht wird: *Sicherheitsentscheidungen sind pragmatisch [...]. Sie erheben nicht den Anspruch, absolut gerecht und unantastbar moralisch zu sein* (S. 42). Ganz ähnlich scharf und unmissverständlich drückt das Morgan aus: *[...] eine moderne Atompolitik [ist] nur auf der Grundlage einer wertungsfreien Arbeit möglich [...]* (S. 48).

Fassen wir zusammen: Wir beobachten zwei strukturelle Tendenzen: Die eine verspricht aufgrund der geschickt verteilten Rollenabfolge ein Urteil, das Oppenheimer selbstverständlich die Sicherheitsgarantie aussprechen wird und ihn als staatsloyal gelten lässt. Die andere lässt das böse Ende, die a priori festgeschriebene Verurteilung Oppenheimers, klar erkennen.

3. Der juristische und politische Aspekt

Oppenheimer wird beschuldigt, seine Loyalität gegenüber dem Staat aufgegeben zu haben. In dem Überprüfungsverfahren untersucht der Ausschuss, von der Atomenergiekommission der USA eingesetzt, *ob Dr. J. Robert Oppenheimer die Sicherheitsgarantie fernerhin erteilt werden kann* (S. 8).

In dem Kapitel „Die sprachliche Form" konnten Sie bereits kurz die Sprache der Justiz kennen lernen. Hier soll nun deutlich werden, wie die Anklage im Interesse ihres Auftraggebers (des Staates USA) mithilfe bestimmter rhetorischer Mittel und unter Einsatz ausgewählter Zeugen versucht, zum gewünschten Urteil zu kommen. Oppenheimers Verteidigung, durch ihn persönlich oder seine Anwälte, versucht ein argumentatives Gegengewicht aufzubauen. Der Konflikt wird – und dies unterscheidet den »Oppenheimer« von vielen anderen Dramen – nicht mit „Action", sondern mit Worten ausgetragen, ein rhetorisches Duell sozusagen. Die Sprache charakterisiert und entlarvt die Protagonisten – und damit diejenigen, die hinter ihnen stehen und sie steuern.

Was unterscheidet nun das Verhör vom üblichen dramenspezifischen Dialog? Die Gangart dieser Art von Kommunikation ist forsch, es gibt kein Plaudern mehr, Anweisungen und Befehle machen den Frageton aus. Robb und Rolander verstehen es glänzend, alle Register rhetorischer Kunst zu ziehen. In der Regel kommen sie ohne Umschweife zur Sache (S. 22). Sie machen die Zeugen mit Kurzfragen (oft nur ein Wort, eine Ellipse, ein Kurzsatz; vgl. S. 117), aber auch längeren Formulierungen (Hypotaxen, S. 41) bisweilen kurzatmig und unsicher (S. 51). Geschickt wiederholen sie einfach den letzten Satz des Zeugen und drehen ihn für ihre eigene Argumentation (S. 25, 39) um. Dann wiederum unterbrechen sie rigoros, korrigieren und stellen richtig (S. 70, 90, 102), riskieren aber auch mit eigenen Zeugen peinliche Ausrutscher (S. 32, 129). Bisweilen geben sie sich im „Gespräch" ironisch (S. 33, 37), bringen die

Zeugen völlig aus der Fassung (S. 51, 73) oder verletzen sie persönlich aufs Tiefste (S. 25). Schießen die Zeugen ihrerseits mit offensiven, bisweilen aggressiven Gegenfragen zurück, so scheinen Robb und Rolander diese Attacken ohne jede Gefühlsbewegung abzuwehren (S. 73 f.). Der Zuschauer erlebt im wahrsten Sinne des Wortes ein verbales Ping-Pong-Spiel, das manchmal zum „Wortgemetzel" wird. Alles im Dienste der Wahrheitsfindung – oder im Dienste des Staates? Handeln die Anwälte der Atomenergiekommission aus Überzeugung oder aus purem Opportunismus? Was ist ihr Verständnis von Staatsloyalität?

Robb verrät uns in der 1. Zwischenszene, warum er ein *sichere[s] Urteil* (S. 22), kein „ehrliches" Urteil über Oppenheimer will. Die Sicherheit der freien Welt steht für ihn über dem Schutz der Privatsphäre! So versteht auch Rolander in der 4. Zwischenszene seinen Auftrag (S. 42). Er klagt scharfe und vorbehaltlose Sicherheitsbestimmungen ein, um den Untergang der freien Welt zu verhindern.

Auch die Zeugen der Anklage sprechen natürlich die Sprache der Regierung und handeln im Sinne und zum Schutz des Staates. Pash und Griggs marschieren im Kommandoschritt (S. 55, 121) der staatlichen Gehorsamsverpflichtung durch das Bühnengeschehen. Für Pash sind deutsche Forscher *Eierköpfe*, die man kidnappen muss (S. 55), er quetscht Leute mit Fragen aus und belügt sie dreist (S. 60); dabei geht er hartnäckig vor wie ein *Bluthund* (S. 60). In seiner Staatsloyalität kennt er keine Skrupel.

Pash und Griggs sind reine Befehlsempfänger ihrer Behörde, deren Meinungen sie unbesehen teilen (S. 121). Lansdale hingegen gibt Befehle und lässt observieren (S. 67). Er weiß dabei genau, wie weit er vor seinem Gewissen gehen darf. Teller ist auf seine Weise staatsloyal: Aus seiner Biografie ist bekannt, welch tiefverwurzeltes Misstrauen er gegenüber Diktaturen (Nazidiktatur) gehabt hat. Amerika muß für ihn um jeden Preis die *Nummer eins* vor den Kommunisten bleiben (S. 99).

Also verteidigt er die Politik der Stärke (H-Bomben-Monopol) und der Abgrenzung.

Aus dem Blickwinkel der Verteidigung sieht die Situation natürlich anders aus: Das Verfahren läuft nicht fair ab, der *moderne Staat* zeigt sich hier als *Überwachungsstaat* (S. 34). Marks denkt wohl an George Orwells »1984« und fürchtet sich vor neuen McCarthy-Praktiken. Von Rabi wissen wir, wie sehr er die politischen Mitläufer verabscheut und die staatlichen Sicherheitsvorstellungen verwirft. In einem freien und sicheren Land muss jedermann (wie Oppenheimer) seine Ansichten vertreten können (S. 131).

Fassen wir zusammen: Kipphardt stellt verschiedene Ideen vom demokratischen Staat, personifiziert durch Interessensvertreter, vor:

Da ist zum einen die loyalistische Fraktion, vertreten durch Robb und Rolander, Teller, Pash und Griggs (sowie letztlich durch die Mehrheit des Ausschusses), der die Staatsräson über alles geht. Die wehrhafte Demokratie muss, so die Kernthese, auch bereit sein, zur Erhaltung der eigenen Ideale diese von Fall zu Fall zu verraten. Wer sich diesem Standpunkt nicht anschließt, ist ein Sicherheitsrisiko.

Auf der anderen Seite stehen Oppenheimer mit seinen persönlichen moralischen Skrupeln sowie seine Freunde, die Oppenheimers subjektives Problem auf einen objektiven Punkt bringen (vor allem Bethe und Rabi thematisieren die prinzipielle Dimension des Falles Oppenheimer): Demokratie ist nach ihrer Auffassung nur dann real gegeben, wenn dem Einzelnen erlaubt ist, auch eine mit dem Staatsganzen nicht übereinstimmende Meinung zu vertreten.

4. Der moralisch-pädagogische Aspekt

Mit diesem Stück durchleuchtet Kipphardt vordergründig den Loyalitätskonflikt Oppenheimers als Wissenschaftler gegenüber dem Staat. Des Weiteren fragt er nach der globalen Verantwortung der Wissenschaftler für die politischen Konsequenzen ihrer Forschung. Nach dem, was wir von den schrecklichen Folgen wissenschaftlicher Forschungsprogramme und ihrer militärischen Ausnutzung im Verlauf des Hearings gehört haben (und aus der Geschichte wissen), heißt das, von den Forschern ein radikales Umdenken zu verlangen. Oppenheimer leistete als Symbolfigur Pionierarbeit. Er, der bis zum Abwurf der ersten A-Bombe leidenschaftlich und mit großer Faszination s e i n e Bombe (sein *Patentspielzeug*, S. 11) für Amerika entwickelt hat, verweigert sich dem Staat. Er hat nach den schrecklichen Folgen von Hiroshima und Nagasaki Skrupel (S. 85). Rückblickend erkennt er seine schizophrene Haltung, nämlich eine Bombe von unsäglicher Vernichtungskraft herzustellen, sie militärisch präzise und erfolgreich einsetzen zu lassen, um dann Schuldgefühle zu bekommen (S. 14). Dies ist sein Sündenfall, seine *Vermessenheit* (S. 16), sein Teufelswerk (S. 147). Als Aussteiger aus dem H-Bomben-Programm handelt er nach seiner eigenen inneren Stimme. Für Robb ist dieses Verhalten dem Staat gegenüber im höchsten Maße illoyal und Grund, Oppenheimer auch alle Sicherheitsgarantien abzusprechen.

In den Augen der Staatsvertreter hat Oppenheimer sich bereits seit den 30er-Jahren illoyal verhalten, als er intensive Kontakte zu kommunistischen Zirkeln pflegte, danach vorgebliche Staatsfeinde schützte (Chevalier-Affäre) und schließlich, sozusagen als Gipfel, die Mitarbeit an der Entwicklung der Wasserstoffbombe nicht mit dem staatlicherseits erwarteten Enthusiasmus betrieb. Von diesen Sünden redet Robb (S. 17). Aus dieser Position ist es der Anklage auch gar nicht möglich zu begreifen, was es für Oppenheimer heißt, geteilte Loyalität (S. 88) zeigen zu müssen. Die Anklage und mehrheitlich der Ausschuss wollen nicht differenzieren und verstehen: Sie verlangen kategorisch die *volle* (S. 65), *uneingeschränkte* (S. 64), *vollkommene* (S. 130, 133) und *ungeteilte* (S. 89) Loyalität zum Staat.

An Oppenheimers Sprache können wir ablesen, wie unsicher er vom psychologischen Standpunkt her ist. Sind es unbewusst formulierte Schuldgefühle oder Ängste, wenn er die Bombe noch zu Prozessbeginn *kein hübsches Kind, Baby* und *Patentspielzeug* (S. 11) nennt? Kipphardt zeigt bei Oppenheimer wie auch bei Teller, wie nahe Anmaßung und Angst (nämlich die Bombe einfach beim Namen zu nennen) beieinander liegen. Beschönigendes Sprachverhalten wird zum Zeichen des schlechten Gewissens. Denn immer wieder lesen und hören wir in den Debatten um die Nuklearbombe christliche Metaphern: *Dreifaltigkeit* (S. 97), *Apostel der Super* (S. 116), *Märtyrer* (S. 79), *Sünde* (S. 16). Ungeklärt bleibt auch, was die *wirklichen Aufgaben* (S. 147) Oppenheimers für die Zukunft sein werden. Das Kämpferische (explosive Proteste und aggressive Gegenfragen) ist nun nicht mehr in seinen Worten zu hören, in seiner Haltung zu sehen – eher Resignation? Jetzt müssen, so will es Kipphardt, die Zuschauer, die Leser diese *wirklichen Aufgaben* formulieren, fordern oder gar einklagen!

Der Konflikt zwischen dem Staat und Oppenheimer kann nur einen Sieger sehen. Ein quasi allmächtiger Staatsapparat entmündigt Oppenheimer gleichsam auf zweifache Weise: Seine Erfindung, die Atombombe, wird ihm von den Militärs genommen und auf zwei japanische Städte abgeworfen. Als ihm wegen der katastrophalen Vernichtung, für die er als Wissenschaftler mitverantwortlich ist, Skrupel kommen, verweigert ihm der gleiche Staatsapparat das Recht, eben diese Skrupel zu hegen. Für den Staat ist er nur ein Querulant, ein Sicherheitsrisiko.

Ganz sicher dürfen wir den technologischen Fortschritt nicht einseitig negativ sehen. Einen erheblichen Teil unserer heutigen Lebensqualität verdanken wir vielen Wissenschaftlern und ihrer Grundlagenforschung. Aber welche unterschwellige Angst, welche tiefe Sorge und welche drohende Warnung drückt Evans mit seiner Frage nach dem Menschenbild der Physiker aus (S. 109)? Wie groß ist ihre Schuld daran, dass ihre Entdeckungen militärisch genutzt wurden und immer wieder genutzt werden, sodass die Menschheit durch den Einsatz von Massenvernichtungswaffen in kürzester Zeit für immer vernichtet werden kann?

Der Zukunftsforscher R. Jungk hat einmal die Wissenschaft als *die Hure der Macht*[1] bezeichnet. Das ist ein drastischer Vergleich, um historisch entstandene Abhängigkeiten darzustellen. In Los Alamos ist bis heute unentwegt mit hohen staatlichen Subventionen weitergeforscht und entwickelt worden. Die in der Folge entwickelten Zerstörungskräfte haben unvorstellbare Ausmaße erreicht.

Heutige Atombomben haben eine Vernichtungs-„Qualität" von 20 Megatonnen, das entspricht der Wirkung von 2000 Hiroshima-Bomben. Die Vorstellungskraft und ihre konkrete technische Umsetzung durch Atomforscher und Militärs scheinen keine Grenzen der Machbarkeit zu kennen, anders formuliert: Ein möglicher atomarer Holocaust rast immer näher auf uns zu. Viele Forscher verschiedenster Wissenschaftszweige haben sich längst in die Abhängigkeit und Aufsicht von politischen, militärischen und wirtschaftlichen Sponsoren begeben, man denke in diesem Zusammenhang auch an biologische und chemische Waffen sowie an die Genforschung.

Die Diskussion im Unterricht dürfte an dieser Stelle hitzig werden – welche Chancen gibt es überhaupt, aus diesem Dilemma herauszukommen? Fünf Wege wären denkbar, evtl. auch praktisch gehbar:

---

1 Die Zeit 22. 7. 94

1. Jeder Mensch muss zum Mut der freien Meinungsäußerung erzogen werden! Frei heißt hier, sich einmischen dürfen, sich entscheiden müssen, sich beschränken können.
2. Jeder Mensch ist seiner eigenen Würde verpflichtet; sie besteht darin, nur das zu tun, was man gegenüber anderen und sich selbst verantworten kann.
3. Der Gesetzgeber verhindert die schamlose Ausbeutung der Wissenschaft und er garantiert den Wissenschaftlern ein gleichgewichtiges Mitspracherecht.
4. Die mächtige Minderheit sollte vor ihren Erfindungen die gleiche existenzielle Angst verspüren müssen wie die ohnmächtige Mehrheit.
5. Jeder praktizierende Arzt hat den Eid des Hippokrates zu schwören, nämlich seinem Gewissen zu folgen und dem Patienten zu dienen, ihn nie zu schädigen. Es ist an der Zeit, den Wissenschaftlern einen ähnlichen Eid abzuverlangen!

Aufgaben mit Lösungstipps

Die Schattenseiten einer noch so attraktiv gestalteten Unterrichtseinheit sind ganz sicher die mündlichen wie schriftlichen Prüfungen. In diesem letzten Kapitel finden Sie Aufgaben mit Lösungen[1], die Ihnen Ihre Ängste und Nöte vor Hausaufgaben, Klassenarbeiten und Klausuren nehmen sollen.

? Aufgabe 1

Charakterisieren Sie die Figur Evans!

1. Welche bestimmenden Charaktereigenschaften können Sie an ihm erkennen?
2. Welche Funktion kommt ihm als Ausschussmitglied zu?
3. Beurteilen Sie ihn von Ihrem persönlichen Standpunkt aus!

! Lösungstipp

1. Charaktereigenschaften

- Professor der Chemie, abkommandiert zum Ausschussmitglied
- hungrig nach Informationen. Er ist der ständige „Nachfrager", weil er angeblich *keine Ahnung* hat bzw. nichts versteht bzw. verwirrt ist (S. 46, 64). Seine Einlassungen werden meist mit einer Entschuldigung eingeleitet (S. 19, 38).
- seine Fragen sind scheinbar naiv und laienhaft, aber von gesundem logischen Verstand. Diese Art ist in ihrer kalkulierten Harmlosigkeit für die „Gegner" nicht berechenbar und damit gefährlich.

---

1 Die Teilaufgaben, die von Ihnen ein ganz individuelles Urteil verlangen (Beurteilen Sie . . .! Begründen Sie Ihre . . .! Was fordern Sie persönlich . . .?), sind ohne Lösungsvorschläge.

- rasant kann er aber auch ein Mini-Kreuzverhör inszenieren (S. 107–109)
- er hat Humor (S. 47)

2. Funktion

- sein Urteil ist selbstständig gewachsen und formuliert, im Gegensatz zu Gray und Morgan (S. 26, 144)
- er entlarvt den Physiker ohne moralische Skrupel, er deckt Widersprüche auf (S. 107)
- er kritisiert und bespöttelt die Sicherheitsvorstellungen der Regierung (S. 78)
- er verurteilt die Schuldzuweisungen gegen Oppenheimer und wird sein dritter Anwalt (S. 144)

? Aufgabe 2

Analyse und Interpretation der 8. Szene in Kipphardts »In der Sache J. Robert Oppenheimer«

1. Geben Sie Inhalt und Aufbau dieser Szene wieder!
2. Vergleichen Sie die beiden Plädoyers hinsichtlich der Sprechweise!
3. Beurteilen Sie die zwei verschiedenen Positionen von Anklage und Verteidigung nach Abschluss des Hearings!
4. Begründen Sie, welchem der beiden Standpunkte Sie sich anschließen würden!

! Lösungstipp

1. Aufbau

- äußerlich: 2 Plädoyers
- Robb: Respekt vor Oppenheimer. Die Schuld Oppenheimers: Kommunisten-Sympathisant, Belügen der Sicherheitsbehörden, eine anhaltend tragische Figur

– Marks: Das Verfahren legt keine belastenden Fakten vor. Oppenheimers Kommunismus-Sympathie war staatlich geduldet. Der Vorwurf des Gedankenverrats rüttelt an den Grundfesten der Demokratie.

2. Vergleich

– Robb liefert eine Mischung aus offensiver Vorwurfs- bzw. Anklagehaltung und emotionalem Pathos (*bewegt, tragisch, edle Motive,* S. 132 f.; *Amerika braucht . . ., geschichtliche Notwendigkeit,* S. 136)
– die Punkt-für-Punkt-Widerlegung durch Marks ist nüchtern und überzeugend
– Robb arbeitet mit den Mitteln der Angstmacherei, des psychologischen Halbwissens und der Betonung von nationalen Grundwerten
– Marks argumentiert hypotaktisch geschliffen und intellektuell überzeugend. Er arrangiert sein Schlusswort so geschickt, dass er in Oppenheimers eigenes Schlusswort überleitet (dessen Zitat aus einer Zeitung, S. 140).

?
● **Aufgabe 3**

Ein Wesenszug der Demokratie, sagt man, ist die Freiheit der Meinungsäußerung. Echte Freiheit der Meinungsäußerung besteht aber nur dann, wenn sie dazu dient, die Freiheit der Meinungsbildung zu sichern. Man darf die Menschen nicht konfektionieren und behördlich genehmigten Ansichten unterwerfen, was sie nur zu schematischem und oberflächlichem Denken verführt. Wir müssen durch umfassende Information die Öffentlichkeit immer mehr qualifizieren, die Zusammenhänge zu begreifen. Wir müssen eine breite Auseinandersetzung über alle Fragen der Zeit herbeiführen. Nur so wird die ungeheure Kraft der Volksmassen produktiv schöpferisch und sich nicht in zerstörerischen Auseinandersetzungen entladen.

*Wer sich vor den Folgen einer allgemein uneingeschränkten
Information fürchtet und sie darum behindert, schafft dadurch
gerade die Bedingungen für eine unheilvolle Entwicklung.
Womit sich eine alte These der griechischen Tragödie bewahr-
heitet, daß der Mensch sein Schicksal dadurch herbeiführt, daß
er es abzuwenden trachtet.* [1]

(Vorlesung, gehalten am 1. November 1963)

Diese Sätze formulierte 1963 der Regimekritiker Robert Havemann und er meinte seinen Staat, die DDR.

Versuchen Sie deutlich zu machen,

1. welche Figuren im Oppenheimer-Drama eine ähnliche
   Meinung äußern,
2. welche Figuren die gegenteilige politische Linie vertreten,
3. welche persönlichen Rechte und Pflichten Sie durch den
   Staat garantiert sehen wollen.

Lösungstipp

Havemanns Gedanken sind direkt bzw. aus dem Kontext heraus bei folgenden Dramenfiguren wiederzufinden:

1. Ähnlichkeiten

- Oppenheimer: *Leute mit erstklassigen Ideen* (S. 45); *politi-
  sche Ansichten* äußern (S. 140)
- Lansdale: *Freiheiten* nicht *aufgeben* (S. 77)
- Evans: *die Pflicht, [die] eigene Meinung zu vertreten* (S. 144)

2. Gegenteilige politische Linie

- Oppenheimer: er galt (eine Zeit lang) als *zu regierungsfromm* (S. 117)
- Robb: bis an die Grenzen der Freiheit gehen (S. 22); politische Macht ist wichtiger als Ideale

---

1 Havemann, R.: Sehenlernen und Denkenlernen. In: Die Zeit, 29. 5. 64

- Pash: die „eigene Meinung" ist in Wirklichkeit Diktat der Behörde (S. 56)
- Griggs: er hat keine eigene Meinung, ist abkommandiert (S. 121, 126)

? Aufgabe 4

Der Wissenschaftler ist für die Folge seiner Erkenntnis nicht legal, sondern moralisch verantwortlich. [1]

Diskutieren Sie diese These des Atomphysikers und Friedensforschers Carl Friedrich von Weizsäcker!

1. Klären Sie den Unterschied zwischen legaler und moralischer Verantwortung!
2. Setzen Sie diese beiden Formen der Verantwortung in Beziehung zum Verhalten Oppenheimers!
3. Was werfen Sie Oppenheimer hinsichtlich seiner wissenschaftlichen Forschung vor, wovon sprechen Sie ihn frei?
4. Was verlangen Sie heute von einem Naturwissenschaftler als mündigem Staatsbürger?

! Lösungstipp

1. Unterschiede

- legale Verantwortung: jeder Bürger in einer Demokratie hat die Pflicht, die festgeschriebenen (Grund-)Gesetze zu erfüllen, sprich: er hat Verantwortung
- moralische Verantwortung: gemeint sind Eigen- und Fremdverantwortung

---

1 Weizsäcker, C. F. von: Über die moralische Verantwortung des Forschers. Politische Folgen der Naturwissenschaft. In: Das Parlament Nr. 7, 19. 2. 1983

2. Bezug zu Oppenheimer

– Oppenheimer ist legal nicht verantwortlich für seine Forschungsarbeit. Dennoch kann er moralisch von den guten und schlechten Folgen, die er ausgelöst hat, nicht freigesprochen werden.

3. Vorwürfe/Entlastungen

– zunächst ist Oppenheimer sicherlich neugierig, „forschungssüchtig". Der Staat konnte ihn mit dem Feindbild „Hitler" leicht vereinnahmen und die A-Bombe dann gegen jeden anderen Feind einsetzen.

– Oppenheimer handelt „regierungsfromm", ohne die möglichen Konsequenzen (vgl. Hiroshima und Nagasaki) zu reflektieren

– nach dem 2. Weltkrieg zeigt der Wissenschaftler Oppenheimer durchaus Mut, der Regierung die aktive Mitarbeit an der H-Bombe aufzukündigen – er ist hellsichtig und mitleiderfahren geworden